"コツ"を押さえて、ふっくら、もちもち！

GOPANでお米パン

飯田 順子

基本の山型パンから、アレンジパンまで

おいしい100品

はじめに

ふんわり、もちもちで自然な甘さの米パンは日本人の味覚にぴったりの最高のパン！

家にあるお米を入れてセットするだけで
食パンが作れるところが、
普通のホームベーカリーにはないGOPANならではの魅力でしょう。

米パンのよさは、しっとりした生地と、もっちりした食感にあります。
日本人が普段から食べ慣れている、お米の自然な甘さも生きていて、
食べたあと、腹もちはよいのに、もたれにくいとも感じています。

お米のパンは、ご飯に合わせて食べている
どんなおかずにも合います。
いつも家にある和の食材を使ってパンが作れるのは、
家族の食事を作っている私にとってうれしい利点でした。

また、小麦に対するアレルギーをもつ方が
いらっしゃるご家庭でも、上新粉などを用いて
小麦ゼロの米パンを作ることが、GOPANなら可能です。
目に見える材料でパンが完成する安心感にも
つながると思います。

本書では、お米を使ったレシピのみを紹介しています。
具材を混ぜ込むパンは、もっとも相性がよいと感じる材料を選び、
また、アレンジレシピも米パンに最適な材料を用いて作りました。
なお、GOPAN取扱説明書にあるレシピからは分量を変更し、
オリジナルの配合で紹介しています。

GOPANを利用することで、
食のバリエーションが今まで以上に豊かになることを願っています。

飯田順子

本書のレシピの見方と注意点

- 本書の分量は、大さじ1=15㎖（15cc）、小さじ1=5㎖（5cc）、1カップ=200㎖（200cc）で計量しています。
- 計量はデジタルスケール（デジタルはかり）でおこなうため、グラム表示をしています。
- 電子レンジを使用するものは、600Wの機種を使用していますので、加熱時間はご利用の機種に合わせて調整してください。
- オーブンの加熱時間は、標準的な機種を基準にしています。機種によっては異なりますので様子を見ながら調整してください。
- 本書のレシピは、室温25℃を想定して作られています。真夏にはふくらみすぎたり、真冬にはふくらみが足りない場合があります。
- 本書のレシピではGOPAN専用の小麦グルテンを使用しています（10ページ参照）。
- 本書のレシピの多くは「小麦グルテン」を使用しています。小麦アレルギー対策として本書をご使用になる方は、材料をよくご確認のうえ、「100%お米パン」（24ページ）のレシピを参考に調整してください。
- 本書のレシピにある「焼きあがりまでの時間」は、GOPANをスタートしてから焼きあがるまでの時間の目安です。室温によって、焼きあがりの時間は異なります。
- 本書のアレンジレシピで「バター」と表記のあるものは、有塩・無塩どちらでも構いません。

Contents

- 2 はじめに
- 6 GOPANの基礎知識
- 7 必要な道具
- 8 基本の材料
- 10 小麦グルテンの基礎知識
- 11 パンが焼きあがるまで
- 12 GOPANで米パンを作るための基本の工程
- 14 GOPANの取り扱い方法

Part 1 基本のお米パン

- 16 プレーンお米パン
  - 17 温泉卵のバタートースト
     ロールサンド
- 18 雑穀米パン
  - 19 雑穀米クルトン入りミネストローネ
     お漬け物のカナッペ
- 20 玄米しょうゆパン
  - 21 チリビーンズのパンキッシュ
     米パンのだし茶漬け
- 22 黒米パン
  - 23 オイルサーディンディップのカナッペ
     黒米パンのチーズリゾット
- 24 100％お米パン
  - 25 根菜クリームシチューの米パン添え
     米パンクルトンのシーザーサラダ

Part 2 おそうざいお米パン

- 28 サフランとドライトマトのお米パン
  - 29 サフラン風味のカレーライスパン
     パエリア風トースト
- 30 ごぼうとベーコンのお米パン
  - 31 オニオングラタンスープ
     きんぴらマヨトースト
- 32 にんじんのお米パン
  - 33 鶏レバーパテのカナッペ
     ゆで豚のオープンサンド
- 34 ほうれんそうのお米パン
  - 35 まるごと米パンのチーズフォンデュ
     和風サーモンクリームチーズサンド
- 36 梅ゆかりのお米パン
  - 37 鶏ささみと青じそのわさび風味オープンサンド
     長いものシーフードパングラタン
- 38 塩こんぶのお米パン
  - 39 タラモサラダのカナッペ
     かぶの米パンポタージュ
- 40 太白ゴマのお米パン
  - 41 かぼちゃサラダのゴマパンサンド
     キャベツサラダのソースかつ丼
- 42 赤味噌のお米パン
  - 43 田楽味噌トースト
     鶏そぼろのゴパン弁当
- 44 ひじきのお米パン
  - 45 豆腐バーグの米パンロコモコ
     鮭フレークのクロックムッシュ
- 46 日本酒のお米パン
  - 47 野沢菜漬けとツナのひと口おやき
     照り焼きチキンとゆずこしょうのサンド

Part 3 スイーツお米パン

- 50 オレンジブリオッシュ風お米パン
  - 51 紅茶のサバラン
      米パンのボストック
- 52 ココナツミルクのお米パン
  - 53 いちごのグラスショートケーキ
      マスカルポーネと小倉あんのトーストのせ
- 54 ゆずクリームチーズのお米パン
  - 55 ゆずカスタードオムレット
      ゆずジャムのタルティーヌ
- 56 アップルシナモンのお米パン
  - 57 米パンプディング
      バニラアイスのホットアップルトースト
- 58 ダブルチョコのお米パン
  - 59 練乳クリームのスイートサンド
      チョコパンティラミス
- 60 しょうがはちみつのお米パン
  - 61 ジンジャーハニーミルフィーユ
      はちみつフレンチトースト
- 62 抹茶ホワイトチョコのお米パン
  - 63 たっぷりフルーツの生クリームサンド
      抹茶風味のシュガーラスク
- 64 豆乳バナナのお米パン
  - 65 バナピートースト
      くるくるジャムロールのロリポップ
- 66 黒糖レーズンのお米パン
  - 67 黒糖かりんとう
      メープルクリームチーズとクルミのサンド
- 68 大学いもとゴマのお米パン
  - 69 米パンのアイスクリームチャンク
      サワークリームのシュガートースト

Part 4 成形パン

- 72 胚芽米のロールパン
- 74 お米のマフィン(プレーン、チョコ)
- 76 雑穀米のピザ
- 78 お米のベーグル
- 80 玄米のクロワッサン
- 82 お米のピタパン
- 84 お米の豆乳ドーナツ
- 86 玄米の焼きカレーパン
- 88 お米のあんパン
- 90 じゃこねぎの白米蒸しパン

Column

- 26 お米パンに合うディップの作り方
  なすのディップ／たらとじゃがいものディップ／ひよこ豆のディップ／
  ツナと塩レモンのディップ／豆腐と焼きたらこのディップ
- 48 お米パンに合うバターの作り方
  いちごジャムバター／黒糖ラムレーズンバター／バジルバター／
  はちみついちじくバター／ガーリックバター
- 70 お米パンに合うジャムの作り方
  いちご×ラズベリージャム／ブルーベリー×アーモンドジャム／
  キウイ×ミントジャム／パイナップル×ピンクペッパージャム
- 92 GOPANで作れるパン以外の料理
  いちご大福＆草もち／平打ちパスタ(タリアッテレ)／上新粉のうどん
- 93 米パンをおいしく仕上げるためのコツQ&A

GOPANの基礎知識

自宅で米パンを作るために、
ぜひ手に入れておきたいのがライスブレッドクッカー「GOPAN」。
その特徴と、米パンがもつおいしさの秘密を教えます！

お米がパンに早変わり!?
GOPANってどんな機械なの？

GOPANは普通のホームベーカリー機と違い、洗ったお米からパンが作れます。
ケース内部の「ミル刃」が高速で回転し、お米をムラなくなめらかに砕きます。そして、小麦グルテンやドライイーストなどの具材とこねて、生地を作り、焼きあげてくれる……まるで炊飯器でご飯を炊くような手軽さで、生のお米からパンを作ることができるのです。白米はもちろん、玄米や雑穀米、赤米、黒米など、さまざまなお米にも対応しているのもうれしいポイントです。
このほか、米パン以外にも小麦パンはもちろん、おもちやパスタ、うどん、ジャムなどもGOPANで作ることができます。1台あれば、料理の幅がぐんと広がること間違いなしです！

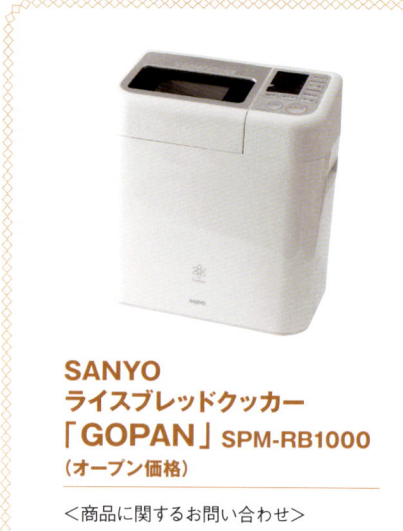

**SANYO
ライスブレッドクッカー
「GOPAN」** SPM-RB1000
（オープン価格）

＜商品に関するお問い合わせ＞
サンヨーレインボーコール
0120-398634（9:00～18:30／無休）
http://jp.sanyo.com/gopan/

基本の米パンに慣れたら、いろいろな具材を入れて彩り豊かな米パンにもチャレンジしてみましょう！　本書では、梅やひじきなど、普通の小麦パンにはなかなか合わせないような和の食材を用いた米パンレシピを多く提案しています。

食感も腹もちも栄養もgood！
お米のパンならではの魅力とは？

米パンを割ってみると、そのしっとりとした質感と、もっちりとした弾力に驚くはずです。食べてみると、お米独特の甘みと香りがあるので、和風に味付けしたおかずとの相性も抜群です。
また、約300gの小麦パンが810kcalあるのに比べ、同量の米パンは約786kcalとカロリー控えめ。もっちりとした食感のため、腹もちがよく、食べすぎを自然と防げます。また、米パン1斤を作るのに必要なコストは約150円！　小麦の価格が上がっている今、小麦パンを買ったり作ったりするよりも安く抑えられます(三洋電機調べ)。
普段、お店で目にすることの少ない米パン。いいところが満載なので、自宅で作って堪能してみましょう！

必要な道具

おいしい米パンを作るためには、必要な道具をきちんとそろえておくことが大切です。
とくにパン作りでは計量を適当にすると完成品が失敗することがあるので要注意。
GOPANの付属品だけでは間に合わない場合もありますので、きちんと用意しましょう。

用意しておきたい基本の道具

［デジタルスケール（はかり）］
パン作りでは、目分量で量るのは厳禁！ ふくらみに差が出てしまいます。はかりは1g単位まできちんと量れるデジタルスケールを選びましょう。

［温度計］
材料となる水や粉の温度を測るのに使用します。

［ボウル］
口がついているものだと、さらに便利です。また、電子レンジに入れて使用することもあるので、レンジで使えるものを用意しましょう。

［軍手］
熱いケースを持つとき、ミトンだと指がすべて使えずに危ないので、軍手が便利です。一重だとやけどするので、必ず2セット用意し、2枚重ねて使いましょう。

［ざる］
お米を研いだあと、ざるに移します。ボウルと大きさをそろえると便利です。

［ケーキクーラー（網）］
取り出した米パンを冷ますのに使います。魚焼きグリルの網でも代用可能です（下に空気が通るものであればOK）。

［パン切り包丁］
米パンは通常の包丁では切りにくいので、パン切り包丁を用意。濡れぶきんで軽く拭きながら使いましょう。

成形パンを作るのに必要なもの

［こね板］
のばす大きさの目安がわかる線や、定規の機能がついているものが便利。使うときは、板自体が滑らないように、板の下に濡れぶきんを敷きましょう。

［計量スプーン］
成形パンを作るときに使います。外国製のものは微妙に量が異なることがあるので、日本製のほうがベター。

［計量カップ］
成形パンを作るときに使います。200ml以上入るもので、耐熱性のものが便利です。

［麺棒（のし棒）］
生地をのばすときに使います。プラスチック製で滑り止めの突起がついているタイプが便利です。

［霧吹き］
オーブンにスチームがついていない場合は用意しましょう。焼きに入る前の発酵段階のとき、霧吹きで水をかけます。

［キッチンタイマー］
発酵の時間を計るのに使います。発酵時間を間違えると味が変わってしまうので注意しましょう。

［スケッパー］
生地を適当な大きさに切り分けるのに使います。しっかり切り分けられる金属製が便利です。

［定規］
生地の長さを計るほか、定規をあてながら包丁で切るときにも使います。

［ハケ］
成形パンの表面に、卵を塗ったり、油を塗ったりするときに使います。毛が抜けないシリコン製が便利。

料理のときに使用するもの

［ゴムべら］
耐熱性があり、持ち手から先までゴム製で、よくしなるものが使いやすくて便利です。

［泡立て器］
羽根の本数が多いほうが、泡立てが早くなり便利です。

※このほかGOPAN本体に付属している「計量カップ（水・もち米計量用）」「洗浄ブラシ」「米パン専用計量スプーン1（グルテン・イースト用）」「米パン専用計量スプーン2（砂糖・塩用）」なども使用します。

基本の材料

強力粉で作る通常のパンとは異なり、お米や小麦グルテンといった材料を使用するのが米パンの特徴です。
白米だけでなく、玄米や雑穀米、黒米など、
さまざまな種類のお米を加えても、味わい深い米パンを焼くことができます。

お米

[白米]

家庭でご飯として食べられている精白されたお米のことです。ご飯を炊くときと同様に研いでから水を加え、機械にセットします。新米を使う場合は、水の量を表記より10g減らしてください。古米は乾燥しているため、通常の浸水より約30分長くとりましょう。

[玄米]

精白されていないお米のことで、ビタミンやミネラル、食物繊維を豊富に含んでいます。玄米は水を吸いにくいため、玄米を使用した米パンは通常より焼きあがりまでに時間がかかります。ただし、ひと手間を加えることで時間を短縮する方法もあります（詳しくは20ページを参照してください）。

[雑穀米]

白米に「雑穀」と呼ばれる穀物を混ぜたものです。一般的に、玄米・黒米・赤米・大麦・鳩麦・あわ・ひえ・きびなどが含まれ、栄養豊富です。玄米同様、雑穀米を加えた米パンは、焼きあがりまでに時間を要しますが、短時間で作る方法もあります（詳しくは18ページを参照してください）。

[黒米]

古代米の一種で、もち米のルーツといわれています。たんぱく質、ビタミン、鉄分、カルシウムなどが豊富で栄養価が高く、滋養強壮や造血作用があるため、薬膳料理に用いられることも多いお米です。もち米のような粘りがあるため、もっちりとした米パンが焼きあがります。

その他のお米

[無洗米]

精米したお米に残っている肌ぬかを取り除き、研ぎ洗いしなくてよい状態にしたお米です。白米と同じレシピで米パンを焼くことができますが、できあがりが多少異なる可能性があります。

[胚芽米]

玄米からぬか層を取り除いて、胚芽を80％以上残したお米です。ビタミンや食物繊維が豊富で、玄米に比べて食べやすく、消化されやすいという特徴があります。

[赤米]

黒米と同じく古代米の一種で、日本に初めて伝わったうるち米のルーツといわれています。黒米の米パンのレシピをそのまま応用することで、赤米の米パンを作ることもできます。

お米以外の材料

［小麦グルテン］

小麦粉に含まれるたんぱく質の一種で、「小麦たんぱく」とも呼ばれます。米パンに粘りやふくらみを与える役割があります。本書ではGOPAN専用のものを使用していますが、各種メーカーから販売されています（詳しくは10ページを参照してください）。

［上新粉］

精白したうるち米を水につけて粉砕し、乾燥させた粉です。原料がお米であるため、小麦アレルギーをもつ方でも安心していただけます。本書では、小麦グルテンの代わりに上新粉を用いた、小麦不使用の「100％お米パン」を紹介しています。

［ドライイースト］

糖類を発酵させるために必要な酵母菌の一種で、米パンをふくらます効果があります。水や適度な温度を与えることにより発酵が進むため、使わないときは密閉容器に入れ、冷凍庫で保存しましょう。

［塩］

味付けのほか、生地をひきしめたり、ドライイーストの働きを調整したりする役割があります。精製塩でも構いませんが、ミネラルが豊富に含まれていて風味がよい天然塩の使用をおすすめします。

［砂糖］

米パンの風味や色づきをよくするほか、硬くなるのを防いだり、ドライイーストの働きを助けて発酵を進めたりする作用があります。本書では上白糖を使用しています。

［水］

水道水を使用します。アルカリイオン水や酸性水、硬水のミネラルウォーターは使用しないでください。

［無塩バター］

パンやお菓子作りでは、無塩バターを使用します。ただし、分量が10g程度であれば、有塩バターでもOK。クロワッサンなど、バターを多く使用する米パンでは、塩気が強くなるので、必ず無塩バターを選びましょう。

その他

無塩バター以外にも、米パンには次のような油脂を用います。油脂には、パン生地をしっとりさせ、できあがりの風味や光沢をよくする働きがあります。

［ショートニング］

主に植物油を原料とした固形油脂で、無味無臭です。パンをふっくらとふくらませる働きがあります。

［オリーブ油］

オリーブの果肉から採れる植物油です。精製していないものをバージンオイルといい、本書ではこれを使用しています。

小麦グルテンの基礎知識

米パンを作るときに必要な「小麦グルテン」。
なじみのない人も多いのではないでしょうか？
ここでは、小麦グルテンに関する基礎知識や入手方法などを詳しく紹介します。

小麦グルテンってなに？

小麦粉に水を加え、こねるとたんぱく質が結合します。そのときにできる、粘り気のある膜が「小麦グルテン」です。「小麦たんぱく」とも呼ばれ、その名称で販売されていることもあります。米パン作りには、粉末状のものを使用します。小麦グルテンには弾力性と粘着性があるため、米パンにもちもちとした弾力を与え、ふっくらと仕上げることができるのです。小麦成分を含むため、小麦アレルギーをもつ方は使用を避けてください。

小麦グルテンの種類

現在、いろいろな種類の小麦グルテンが販売されています。メーカーが推奨するGOPAN専用の小麦グルテンは、家電量販店や通信販売、三洋電機のECサイト（http://direct.jp.sanyo.com/eclub/store/）などで購入できます。小麦グルテンの賞味期限は1年間です。開封後は賞味期限にかかわらず、早めに使用してください。露がつくとグルテンは固まるため冷蔵庫では保管せず、直射日光、高温多湿を避け、常温で保管しましょう。

メーカー推奨品

本書ではこれを使用しています。

米パン用小麦グルテン
価格：1,260円（税込み）
内容量：500g×2袋入り（20回分）
問：株式会社 天辰
0120-122-928
（土・日・祝日を除く9:00～17:00）
http://www.tentatsu.co.jp/

その他の市販品

[米粉パン用小麦たんぱく]
価格：294円（税込み）
内容量：200g
問：株式会社 富澤商店
042-776-6488
（平日9:00～17:00、土曜9:00～15:00）
http://www.tomizawa.co.jp/

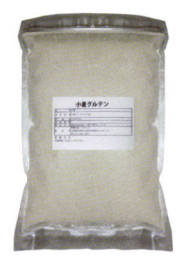

[小麦グルテン粉]
価格：1,260円（税込み）
内容量：1kg
問：有限会社 ユウテック
011-563-5333
（土・日・祝日を除く9:00～17:00）
http://www.rakuten.co.jp/yourtec/

[シトギグルテンミックス]
価格：882円（税込み）
内容量：1kg
問：株式会社 丸菱　スイートキッチン
096-286-2979
（土・日・祝日を除く8:30～17:30）
http://www.rakuten.ne.jp/gold/kashizairyo/

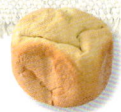

パンが焼きあがるまで

フタについているガラス窓から何となく様子はわかるけれども……
稼働中のGOPANの中では一体どんなことがおこなわれているのでしょうか？
ここでは具材を入れない、もっとも基本の白米の米パンとロールパンを作るときの工程を紹介します。

◆材料セットから焼きあがりまでの流れ

白米の山型パン（1斤）

浸水 ▶ 約30分 ▶ ミル ▶ 約80分（約1時間20分） ▶ こね ▶ 約13分 ▶ 発酵 ▶ 約65分 ▶ 焼き ▶ 約50分 ▶ 完成

約4時間00分～約4時間30分

※玄米や雑穀米を使用した場合は、浸水が約90分かかります。

※約30秒の粉砕のあと、5分間停止することを約10回繰り返します。

※小麦グルテンやドライイーストが自動投入され、こねが始まります。数分後に粉落としのアラームが鳴りますので、具材を入れるときは、このタイミングでフタを開けて入れてください。

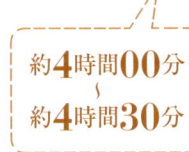

白米の成形ロールパン（10個分）

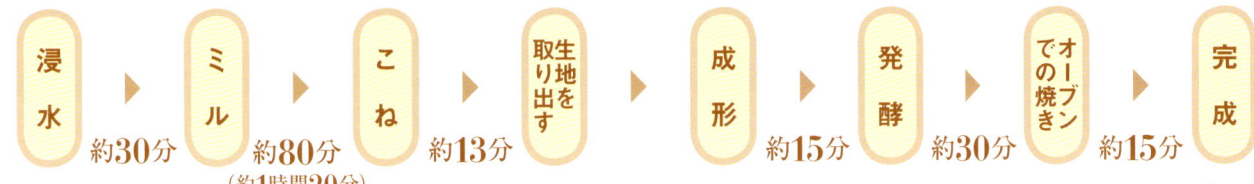

浸水 ▶ 約30分 ▶ ミル ▶ 約80分（約1時間20分） ▶ こね ▶ 約13分 ▶ 生地を取り出す ▶ 成形 ▶ 約15分 ▶ 発酵 ▶ 約30分 ▶ オーブンでの焼き ▶ 約15分 ▶ 完成

約3時間00分～約3時間30分

※玄米や雑穀米を使用した場合は、浸水が約90分かかります。

※約30秒の粉砕のあと、5分間停止することを約10回繰り返します。

※小麦グルテンやドライイーストが自動投入され、こねが始まります。

※ロールパン10個分を作るときのおおまかな分数です。

◆用語解説

「浸水」……お米を水に浸してやわらかくすること。粉砕しやすくするために必要な工程です（お米の硬さや水温によって、時間は異なります）。

「ミル」……お米を砕く工程です。ケース内部に取り付けた刃で、粉砕音を立てながら少しずつお米を砕いていきます（粉砕音は大きいので騒音に注意してください）。

「こね」……自動投入ケースに入れた小麦グルテンやドライイーストと、砕いたお米を混ぜ合わせ、こねる工程です。少しずつパン生地の形になっていきます。

「粉落とし」…自動投入ケースに残ってしまった粉を集めて、生地に混ぜること。こねの開始数分後、アラームが鳴ったら粉落としのタイミングです。
※必ずおこなう必要はありませんが、やっておくとより正しい分量でパンを作れます。

「成形」……こねて完成した生地を取り出し、ロールパンやクロワッサンなどの形にととのえる工程です。成形パンを作るときのみおこないます。

「発酵」……生地に混ぜたドライイーストを発酵させ、パンをふくらませる工程です。成形パンの場合は、取り出した生地をオーブンに入れて発酵させます。

「焼き」……ふくらんだパン生地を高温で焼く工程です（このときGOPANのフタが熱くなるので注意しましょう）。成形パンはオーブンなどで焼きます。

GOPANで米パンを作るための基本の工程

GOPANで米パンを作るときの工程は、のちに紹介するどのレシピでもほとんど同じです。
計量した材料をケースに入れ、スイッチを押せばパンができあがります（成形パンの場合は、パン生地ができあがります）。
また「ミル」「こね」「発酵」「焼き」の工程は、フタについたガラス窓から中を確認してください。

【作り方】

1 米パンケースに入れる材料を計量し、ケースに入れたら、GOPANにセットする。

 →  →  →

お米を計量する。1g単位まで量れるデジタルスケールを使い、正確に量る。

お米を研ぐ。炊飯器でお米を炊くときと同様に、5回ほど研ぎとすすぎを繰り返す。研いだお米はざるにあけ、しっかりと水気を切る。

米パンケースに、米パン羽根をセットする。

研いだお米をボウルや米パンケースに入れて、デジタルスケールにのせる。

 →  →  →

お米の重さと合わせて420gになるまで、水を足していく（中身の重さだけを量れる機能がついたものを使うと便利）。
※玄米・雑穀米はここで一晩、冷蔵庫に入れて浸水させる。

計量した塩と砂糖、無塩バターなどを、米パンケースに入れる。

米パンケースをGOPANにセットする。きちんと入っていないと羽根が回らないので、奥まで押し込む。ハンドルは手前に倒す（奥に倒すと、自動投入ケースのフタが開かないので注意）。

2 自動投入ケースに入れる材料を計量し、ケースに入れたら、GOPANにセットする。

 →  →  →

小麦グルテンや上新粉を計量する。

デジタルスケールをいったん0gに戻し、ドライイーストを計量する（0gに戻して中身の重さだけを量れる機能がない場合は、単体で計量する）。

小麦グルテンとドライイーストを、自動投入ケースに入れ、しっかり閉じる。ケースに具材を入れる場合はここで一緒に入れる。

自動投入ケースをGOPANにセットする。

3 GOPANのフタを閉じ、コースメニューを選択する。

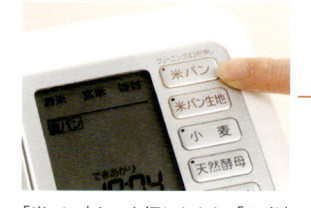 →

「米パン」キーを押したあと、「お米」コースを選び、そのあと「食パン」メニューを選ぶ（押すごとに表示されるコースが順に点滅する）。

「スタート」キーを押す。

12

4 約30分の浸水後、ミルがスタートし、米の粉砕が始まる（約80分）。

※GOPANの中で自動でおこなわれる工程です。

約30秒の粉砕のあと、約5分停止する動作を繰り返す。このとき、粉砕音が鳴るので注意。

粉砕を何度か繰り返すと、米が砕かれて水と混ざり、このような液体状になる。

5 自動投入ケースの中の小麦グルテンとドライイーストが米パンケース内に落ち、生地をこねる（約13分）。

※GOPANの中で自動でおこなわれる工程です。

自動投入ケースのフタが開き、中身が落ちる。小麦グルテンとドライイーストが混ざることで、液体状だった生地が形を成してこねられていく。
※成形パンを作る場合の工程はここまでとなる（米パン生地コース）。

> **「粉落とし」のアラームが鳴ったときにすること**
>
> こねが開始してから数分後に「粉落とし」のアラームが鳴る。これは自動投入ケースに残ってしまった粉を集めて、生地に落としてゴムベラで混ぜるための合図。より正しい分量でパンを作ることができるので、時間に余裕があるときはぜひやっておきたい。また、途中で具材を入れるレシピの場合は、このアラームが鳴ったタイミングで具材を混ぜ込む。

6 生地が発酵する（約65分）。

※GOPANの中で自動でおこなわれる工程です。

生地に混ざっているイースト菌が発酵することで、生地が少しずつふくらんでいく。

7 焼く（約50分）。

※GOPANの中で自動でおこなわれる工程です。

ふくらんだ生地が高温で焼かれ、焼き色がついていく。このとき、GOPAN本体のフタ部分が熱くなるので、注意。

8 米パンをGOPANから取り出す。

ハンドルをつかみ、米パンケースをGOPAN本体から引き上げる。ケースはかなり熱いので、2枚に重ねた軍手を使って持つこと。

ケースを逆さまに持ち、米パンを取り出す。取り出しにくいときは、ふきんなどを下に敷き、ケースの角を軽く数回打ち付けるようにして取り出す。

羽根を外しやすくするために、取り出した米パンを20分以上ケーククーラーの上に置き、粗熱を取る。

米パンから羽根を抜き取る（詳しい抜き方は94ページを参照）。

9 取り出した羽根を湯につけておく。

生地がこびりついたまま焼かれた羽根は、お手入れする前に1時間ほど湯につけ、ふやかしておく（詳しいお手入れ方法は95ページを参照）。

できあがり。できたての米パンはかなりやわらかいので、熱いうちに切ると潰れてしまう。カットするときは、少し冷まして、濡れぶきんで軽く濡らしたパン切り包丁でカットすると切りやすい。

GOPANの取り扱い方法

GOPANを安全に正しく使用するために、各部の名称や使い方を知っておきましょう。
米パン作りを長く楽しめるように
しっかりお手入れをして、丁寧に扱ってください。

本体フタ

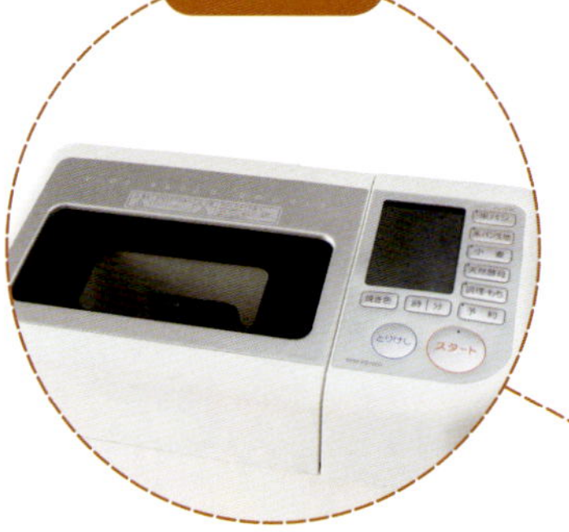

ガラス窓がついているため、中でおこなわれている工程を確認することができます。基本的には稼働中にフタは開けませんが、「こね」の工程中に粉落としのアラームが鳴ったら、具材を入れるために開けてもOKです。「焼き」の工程では、表面が熱くなるので注意しましょう。

自動投入ケース
- ケースフタ
- ロックレバー
- ロックボタン

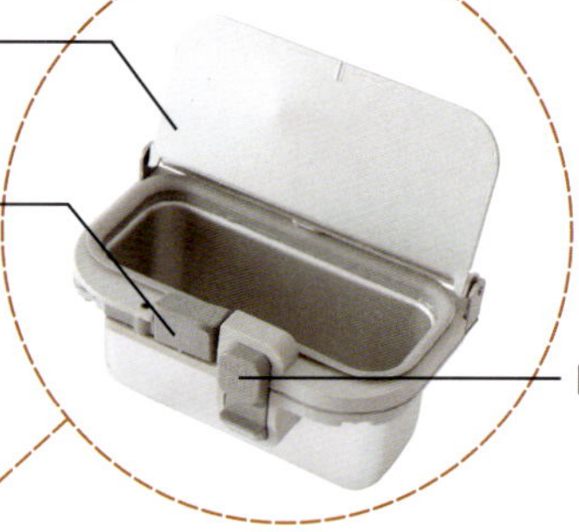

小麦グルテンやドライイーストなどの粉末を入れる、着脱可能なケースです。本体フタに差し込む際は、「カチッ」と音がするまで確実に取り付けてください。そのとき、ロックレバーのツメに触れると具材がこぼれるおそれがあるので、注意しましょう。

387mm
354mm
278mm

米パンケース
- ハンドル

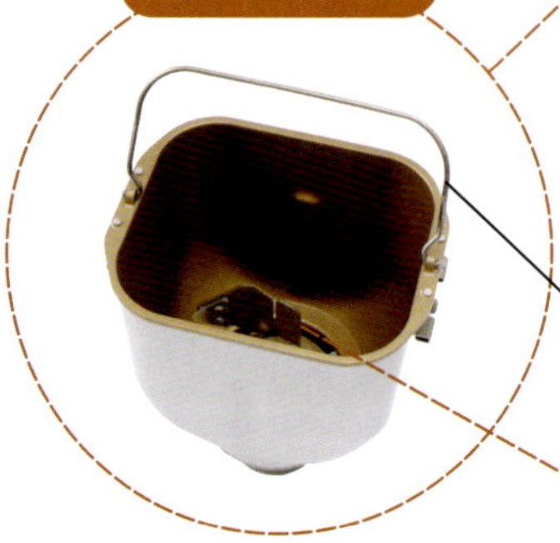

色がゴールドのほうが米パン用（グレーが小麦パン用）です。中の羽根取付軸に米パン羽根を奥まで確実に差し込み、お米や水などの材料を入れて本体にセットします。ハンドルは手前に倒しておかないと自動投入ケースのフタが開かないことがあるので注意してください。

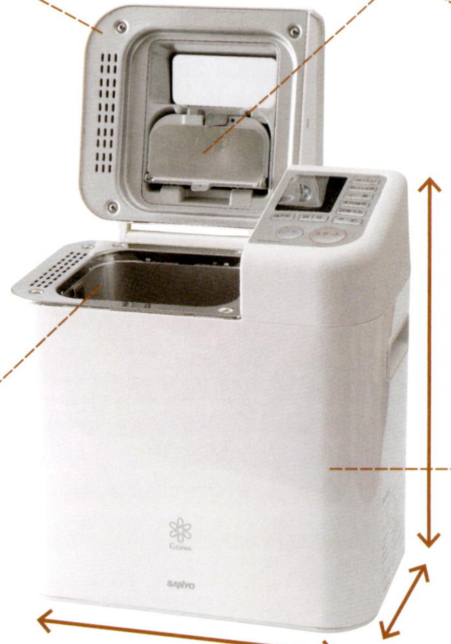

本体

稼働中は振動し、発熱するので、置き場所に注意しましょう。不安定な場所や熱に弱い敷物の上には置かず、壁から5cm以上離して使用してください。「ミル」の工程では、お米を砕く粉砕音がします。

米パン羽根
- 米パン羽根
- ミル刃
- 保護カバー

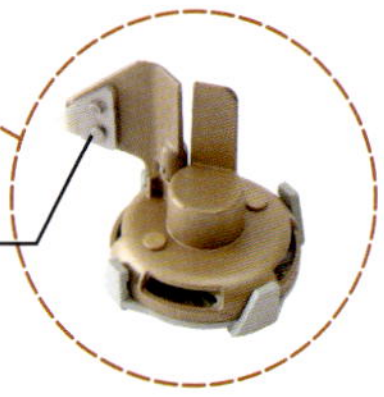

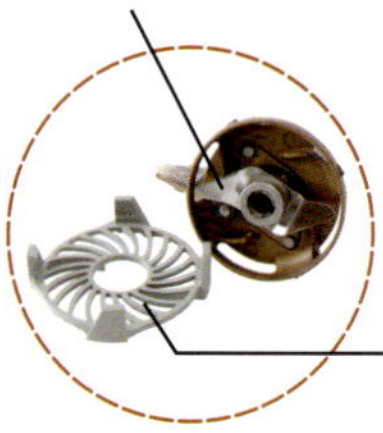

お米を粉砕したり、生地をこねたりするために必要な羽根です。米パン羽根に保護カバーを取り付けるときは、「カチッ」と音がするまでしっかり回してください。焼きあがった米パンを取り出したら、すぐに湯につけ、米パン羽根についた生地をふやかします。保護カバーを外し、スポンジや付属の洗浄ブラシで洗いましょう。ミル刃は危険ですので、直接手を触れないようにしてください。

Part 1
基本のお米パン

まずは何も具材を入れ込まず、
お米のおいしさだけをシンプルに味わえる
基本の米パンを作ってみましょう。
白米以外にも、玄米、雑穀米、黒米などを使い、
それぞれのお米がもつ味わいを楽しんでみてください。

白米の甘い香りが漂う、もっともスタンダードな一品

プレーンお米パン

焼きあがりまで
約4時間00分～
約4時間30分

【材料】（1斤分）

◆ 米パンケースに入れる材料
- 白米 ……………………………… 220g
- 水 …洗った白米と合わせて420gになる量
- 塩 …………………………………… 3g
- 砂糖 ……………………………… 15g
- 無塩バター ……………………… 10g

◆ 自動投入ケースに入れる材料
- 小麦グルテン …………………… 50g
- ドライイースト …………………… 3g

【作り方】

1. 白米は洗い、水気を切ってボウルに移す。デジタルスケールにのせ、水を加えていき、合計420gになるように調整する。

2. 小麦グルテンとドライイーストを自動投入ケースに入れる。

3. 米パンケースに米パン羽根をセットし、1と塩、砂糖、無塩バターを入れる。

4. 2と3を本体にセットし、フタをする。「米パン」キーを押したあと、「お米」コースを選び、そのあと「食パン」メニューを選び、スタートを押す。

5. 焼きあがりのアラームが鳴ったら、米パンケースを取り出す。パンを取り出したら、ケーキクーラーの上に置いて冷ます。

Point

新米を使用する場合は、洗った白米と水を合わせた分量を410gに減らします。また、古米を使用する場合は、事前に30分ほど浸水させてからスタートさせましょう。

Part 1　基本のお米パン

プレーンお米パン アレンジ1

朝食の新定番「卵かけゴパン」

温泉卵のバタートースト

【材料】(2人分)

プレーンお米パン	スライス2枚
温泉卵(市販)	2個
バター	適量
しょうゆ	適量

【作り方】

1. プレーンお米パンにバターを塗り、オーブントースターで焼き色がつくまで焼く。
2. 1を器に盛り、その上に殻を取った温泉卵をのせる。しょうゆをたらし、黄身をくずしながらいただく。

プレーンお米パン アレンジ2

手巻き寿司風のパーティメニュー

ロールサンド

【作り方】

1. プレーンお米パンは麺棒で薄くのばして、片面にバターを塗っておく。
2. 焼肉キムチサンドを作る。フライパンに油(分量外)を熱し、牛カルビ肉を入れてよく焼いたら、市販の焼肉のタレを入れ、味がしみ込むまで焼く。焼きのりの上に1をバターを塗った面を上にしてのせ、その上に焼肉とキムチ、青ねぎを並べて、端からくるくると巻いていく。
3. ハムチーズサンドを作る。焼きのりの上に1をバターを塗った面を上にしてのせ、スライスチーズ、青じそ、ハム、貝割れ菜を順にのせて、端からくるくると巻いていく。
4. エビとアボカドサンドを作る。アボカドは皮をむいて種を取り、薄くスライスする。焼きのりの上に1をバターを塗った面を上にしてのせ、レタスをのせた上に、アボカドとエビフライを並べ、マヨネーズをかけたら、端からくるくると巻いていく。

【材料】(各2本分)

プレーンお米パン	6枚	スライスチーズ	2枚
バター	適量	青じそ	2枚
焼きのり(10cm×20cm)	6枚	貝割れ菜	適量
牛カルビ肉	3〜4枚	エビフライ(市販)	2本
焼肉のタレ(市販)	大さじ4	アボカド	1/2個
キムチ	30g	レタス	適量
青ねぎ	少々	マヨネーズ	少々
ハム	2枚		

さまざまなお米をブレンドした栄養満点のパン
雑穀米パン

焼きあがりまで
約5時間15分
〜
約6時間10分

※一晩の浸水時間は含んでいません。

【材料】（1斤分）

◆米パンケースに入れる材料
- 白米 ……………………………… 180g
- 雑穀米 …………………………… 50g
- 水 …洗った白米・雑穀米と合わせて440gになる量
- 塩 ………………………………… 4g
- 砂糖 ……………………………… 15g
- 無塩バター ……………………… 10g

◆自動投入ケースに入れる材料
- 小麦グルテン …………………… 50g
- ドライイースト ………………… 3g

【作り方】

1. 白米と雑穀米は洗い、水気を切ってボウルに移す。デジタルスケールにのせ、水を加えていき、合計440gになるように調整する。ラップをして冷蔵庫に入れ、一晩置く。

2. 小麦グルテンとドライイーストを自動投入ケースに入れる。

3. 米パンケースに米パン羽根をセットし、1と塩、砂糖、無塩バターを入れる。

4. 2と3を本体にセットし、フタをする。「米パン」キーを押したあと、「雑穀」コースを選び、そのあと「食パン」メニューを選び、スタートを押す。

5. 焼きあがりのアラームが鳴ったら、米パンケースを取り出す。パンを取り出したら、ケーキクーラーの上に置いて冷ます。

Point

雑穀米の浸水時間を省きたい場合は、かぶるぐらいの水と一緒に電子レンジで3分加熱（要ラップ）してやわらかくしたものを白米に混ぜて、「お米」コースで作ります。
白米に混ぜるときは、しっかり冷まし、水気を切ってから、加えてください。

雑穀米パン アレンジ1

たっぷり野菜に大粒クルトン
一杯で大満足のヘルシーメニュー

雑穀米クルトン入りミネストローネ

【作り方】

1. 雑穀米パンは1cm角に切り、オーブントースターで焼き色がつくまで焼いてクルトンを作る。
2. にんにくはみじん切りにする。トマトは湯むきして皮を取り、さいの目切りにする。ベーコン、たまねぎ、にんじん、セロリ、ズッキーニはすべて1cm角に切る。
3. 鍋にオリーブ油を熱し、にんにくを炒め、香りが出たらたまねぎを入れて、透き通るまで炒める。
4. ベーコンとその他の野菜も加えてさっと炒め、水と固形スープの素を加える。沸騰したら火を弱め、大豆を入れて、野菜がやわらかくなるまで煮る。
5. 塩・こしょうで味をととのえたら、器に盛り、1のクルトンをのせる。

【材料】（2人分）

雑穀米パン	スライス1枚
にんにく	1/2片
トマト（中）	1/2個
ベーコン	1.5枚
たまねぎ（中）	1/2個
にんじん（中）	1/2本
セロリ（中）	1/2本
ズッキーニ	1/4本
大豆水煮缶（水気を切ったもの）	1/2缶
水	2カップ
固形スープの素	1個
塩・こしょう	少々
オリーブ油	大さじ1/2

雑穀米パン アレンジ2

たくあんが素敵なオードブルに変身

お漬け物のカナッペ

【材料】（2人分）

雑穀米パン	スライス2枚
カッテージチーズ	50g
しば漬け	適量
奈良漬け	適量
たくあん	適量
白ゴマ	適量
水菜	少々

【作り方】

1. たくあんは千切りにし、白ゴマとあえる。
2. 雑穀米パンは4等分に切り、それぞれにカッテージチーズを適量のせる。
3. 2の上に、しば漬け、奈良漬け、1のたくあんをのせて器に盛る。しば漬けには一緒に入っているしょうがをのせ、奈良漬けには水菜をのせる。

しょうゆの香ばしさが食欲をさそう
玄米しょうゆパン

焼きあがりまで
約**5時間30分**
〜
約**6時間20分**

※一晩の浸水時間は含んでいません。

【材料】（1斤分）

◆ 米パンケースに入れる材料
- 白米 …………………………………… 100g
- 玄米 …………………………………… 120g
- 水 …… 洗った白米・玄米と合わせて430gになる量
- しょうゆ ……………………………… 大さじ1
- 塩 ……………………………………… 3g
- 砂糖 …………………………………… 15g
- 無塩バター …………………………… 10g

◆ 自動投入ケースに入れる材料
- 小麦グルテン ………………………… 50g
- ドライイースト ……………………… 3g

【作り方】

1. 白米と玄米は洗い、水気を切ってボウルに移す。デジタルスケールにのせ、水を加えていき、合計430gになるように調整する。ラップをして冷蔵庫に入れ、一晩置く。

2. 小麦グルテンとドライイーストを自動投入ケースに入れる。

3. 米パンケースに米パン羽根をセットし、1としょうゆ、塩、砂糖、無塩バターを入れる。

4. 2と3を本体にセットし、フタをする。「米パン」キーを押したあと、「玄米」コースを選び、そのあと「食パン」メニューを選び、スタートを押す。

5. 焼きあがりのアラームが鳴ったら、米パンケースを取り出す。パンを取り出したら、ケーキクーラーの上に置いて冷ます。

Point

玄米の浸水時間を省きたい場合は、
玄米を弱火で10分ほど、
こうばしい香りが出るまで乾煎りしたものを
白米に混ぜて、「お米」コースで作ります。
白米に混ぜるときは、
しっかり冷ましてから加えてください。

玄米しょうゆパン アレンジ1
しっかり味の玄米パンはキッシュにもぴったり
チリビーンズのパンキッシュ

【材料】（直径15cmのオーブン皿分）

玄米しょうゆパン ……… スライス2枚	A 卵（全卵）……………… 1個
チリビーンズ（市販）……適量	卵黄 ……………… 1個分
ピザ用チーズ …………適量	生クリーム ……… 1カップ
	ナツメグ …………… 少々
	塩・こしょう ……… 少々

【作り方】

1. キッシュソースを作る。Aをすべてボウルに入れて、よく混ぜ合わせる。
2. 玄米しょうゆパンは細長く切り、オーブン皿に隙間なく敷きつめる。そこにチリビーンズを皿の半分くらいの高さまで入れ、その上に1を流し込み、最後にピザ用チーズを散らす。
3. 200℃に予熱しておいたオーブンに入れ、焼き色がつくまで約15～20分焼く。

玄米しょうゆパン アレンジ2
和風だしにも合う！　米パンでシメの一杯を
米パンのだし茶漬け

【材料】（2人分）

玄米しょうゆパン ……………… スライス2枚
だし汁 …………………………………… 2カップ
塩こんぶ ………………………………… 適量
梅干し …………………………………… 2個

【作り方】

1. 玄米しょうゆパンはひと口大に切る。
2. 茶碗に1を半量ずつ入れ、それぞれに温かいだし汁を上から注ぐ。塩こんぶ、梅干しをのせて、いただく。

ほんのり紫色に色づく、栄養価の高いパン
黒米パン

焼きあがりまで
約5時間15分
〜
約6時間10分

※一晩の浸水時間は含んでいません。

【材料】（1斤分）

◆米パンケースに入れる材料
- 白米……………………………………200g
- 黒米……………………………………30g
- 水 …洗った白米・黒米と合わせて430gになる量
- 塩………………………………………4g
- 砂糖……………………………………15g
- 無塩バター……………………………10g

◆自動投入ケースに入れる材料
- 小麦グルテン…………………………50g
- ドライイースト………………………3g

【作り方】

1. 白米と黒米は洗い、水気を切ってボウルに移す。デジタルスケールにのせ、水を加えていき、合計430gになるように調整する。ラップをして冷蔵庫に入れ、一晩置く。

2. 小麦グルテンとドライイーストを自動投入ケースに入れる。

3. 米パンケースに米パン羽根をセットし、1と塩、砂糖、無塩バターを入れる。

4. 2と3を本体にセットし、フタをする。「米パン」キーを押したあと、「雑穀」コースを選び、そのあと「食パン」メニューを選び、スタートを押す。

5. 焼きあがりのアラームが鳴ったら、米パンケースを取り出す。パンを取り出したら、ケーキクーラーの上に置いて冷ます。

Point

黒米を少量加えるだけで、

パンにもっちり感が出ます。

ただし、入れすぎるとふくらみが

悪くなるので分量を守りましょう。

Part 1 基本のお米パン

黒米パン アレンジ1
お酒のおつまみにぴったりのまろやかディップ添え
オイルサーディンディップのカナッペ

【材料】（2人分）

黒米パン	スライス 2 枚
オイルサーディン	1/2缶（40g）
クリームチーズ	100g
ピンクペッパー	適量
ディル	適量

【作り方】

1 オイルサーディンは油を切る。

2 1とクリームチーズをフードプロセッサー、またはすり鉢でよく混ぜ、ディップを作る。

3 黒米パンを食べやすい大きさに切って器に盛り、ピンクペッパー、ディルを散らした2のディップを添える。

黒米パン アレンジ2
もちもちの黒米パンだからできる、新食感リゾット！
黒米パンのチーズリゾット

【材料】（2人分）

黒米パン	スライス 2 枚	塩・こしょう	適量
にんにく	1 片	黒こしょう	適量
水	2と1/2カップ	パルメザンチーズ	100g
固形スープの素	2 個	パセリ	適量
白ワイン	1/4カップ	オリーブ油	大さじ 2

【作り方】

1 黒米パンは乾燥させ、硬くしておく。パンをフードプロセッサー、またはおろし金で粗くすりおろす。

2 にんにくはみじん切りにし、フライパンにオリーブ油とともに入れて弱火にかける。にんにくの香りが出てきたら、水と固形スープの素を加えて沸騰させる。白ワインを入れて2分ほど強火で煮詰めてから、塩・こしょうを加え、味をととのえる。

3 1を器に入れてから2を注ぎ、上からパルメザンチーズと黒こしょう、パセリを散らす。よく混ぜながらいただく。

23

おもちのような食感の小麦ゼロパン
100%お米パン

焼きあがりまで
約3時間30分〜
約4時間00分

【材料】（1斤分）

◆ 米パンケースに入れる材料
  - 白米 ……………………………… 320g
  - 水 … 洗った白米と合わせて640gになる量
  - 塩 ………………………………… 6g
  - 砂糖 ……………………………… 30g
  - オリーブ油 ……………………… 15g

◆ 自動投入ケースに入れる材料
  - 上新粉 …………………………… 80g
  - ドライイースト ………………… 5g

Point
上新粉以外でも、製菓・パン用の米粉を用いても作ることができます。違いは粒子の細かさで、製菓用のほうが細かいため、よりきめ細やかなパンに仕上がります。

【作り方】

1. 白米は洗い、水気を切ってボウルに移す。デジタルスケールにのせ、水を加えていき、合計640gになるように調整する。

2. 上新粉とドライイーストを自動投入ケースに入れる。

3. 米パンケースに米パン羽根をセットし、1と塩、砂糖、オリーブ油を入れる。

4. 2と3を本体にセットし、フタをする。「米パン」キーを押したあと、「お米小麦ゼロ」コースを選び、そのあと「食パン」メニューを選び、スタートを押す。

5. 焼きあがりのアラームが鳴ったら、米パンケースを取り出す。パンを取り出したら、ケーキクーラーの上に置いて冷ます。

100%お米パン アレンジ1

豆乳の優しい味わいが米パンにぴったり!

根菜クリームシチューの米パン添え

【作り方】

1. 鶏肉はひと口大に切り、スライスしたたまねぎとともに鍋に入れ、バターで炒める。ささがきにしたごぼう、食べやすい大きさに切ったれんこんとにんじんを加えてさらに炒める。

2. 鶏肉と野菜に火が通ったら、小麦粉を振り入れて軽く炒める。水と固形スープの素、湯葉を加えて、フタをして弱火で10分煮込む。

3. 野菜がやわらかくなったら豆乳を加えて、弱火にし、煮立たせすぎないように温め、最後に塩・こしょうで味をととのえる。

4. 100%お米パンをスティック状に切り、軽くトーストしておく。

5. 3の鍋に、別でゆでておいたブロッコリーを加えたら火を止め、器に盛り、パセリを散らす。4をシチューに浸しながらいただく。

【材料】(4人分)

100%お米パン	スライス4枚
鶏肉	50g
たまねぎ	1個
ごぼう	1/3本
れんこん	1/2個
にんじん	1本
ブロッコリー	1/2株
湯葉	適量
バター	30g
小麦粉	大さじ2
水	1カップ
固形スープの素	1個
豆乳	2カップ
塩・こしょう	少々
パセリ	適量

100%お米パン アレンジ2

大きなクルトン入りで
サラダでも食べごたえ十分

米パンクルトンのシーザーサラダ

【作り方】

1. 100%お米パンは2.5cm角に切り、トーストし、クルトンを作る。

2. ロメインレタスは洗って、3cm幅に切る。

3. Aをすべてボウルに入れ、全体が白っぽい色になるまでよく混ぜ合わせる。

4. 器に2を盛り付け、1を散らし、上から3のドレッシングをかける。最後にパルメザンチーズをすりおろし、仕上げる。

【材料】(2人分)

100%お米パン	1/4斤
ロメインレタス	1/4個
パルメザンチーズ	適宜

A	
卵黄	1個分
アンチョビペースト	小さじ1/2
パルメザンチーズ	15g
白ワインビネガー	大さじ1
塩・黒こしょう	適宜
オリーブ油	大さじ3

25

Column

お米パンに合う ディップの作り方

できたての米パンはそのままでもおいしいけれど、食べごたえのあるディップをたっぷり塗ってもおいしい！小さく切った米パンにディップをのせるだけで、食事としてもおつまみとしても最適なカナッペが完成します。

【作り方】
材料の下ごしらえをしたあとの作り方は、ほとんど同じです（ツナと塩レモンのディップのみ異なる）。材料をすべてフードプロセッサーに入れて、ペースト状にします。フードプロセッサーがない場合は、すり鉢に入れて、すりこぎですってもOKです。

A なすのディップ

【材料】
なす（中）…1本、にんにく…1/2片、塩・こしょう…少々

【下ごしらえ】
- なすは表面が黒くなるまで、オーブントースターで15分ほど焼き、取り出したらヘタを取り、皮をむく。
- にんにくは根元を切り落としておく。

B たらとじゃがいものディップ

【材料】
じゃがいも（中）…2個、たら…100g、にんにく…1/2片、生クリーム…大さじ2、オリーブ油…小さじ1

【下ごしらえ】
- じゃがいもは皮つきのまま、ぴったりとラップをかけて約5分、電子レンジで加熱したあと、皮をむいておく。
- たらは耐熱容器に入れてラップをかけて約3分、電子レンジで加熱したあと、皮を取って骨を抜いておく。
- にんにくは根元を切り落としておく。

C ひよこ豆のディップ

【材料】
ひよこ豆（水煮缶）…100g、にんにく…1片、塩・こしょう…少々、オリーブ油…1/4カップ

【下ごしらえ】
- ひよこ豆は水気を切っておく。
- にんにくは根元を切り落としておく。
※フードプロセッサーに入れたあとは、少し豆の食感を残すように混ぜ合わせるとよい。

D ツナと塩レモンのディップ

【材料】
ツナ…80g（1缶）、レモン（輪切り）…2枚、塩…少々、ツナ缶の油…大さじ1

【下ごしらえ】
- ツナは缶から出して、よく油を切る。油は残しておく。
- レモンはよく洗ってから、厚さ約5mmに2枚スライスし、塩でよくもむ。
※このディップはフードプロセッサーにかけず、材料すべてをよく混ぜ合わせる。

E 豆腐と焼きたらこのディップ

【材料】
絹ごし豆腐…1/4丁、焼きたらこ…40g、塩・こしょう…少々、オリーブ油…小さじ1

【下ごしらえ】
- 豆腐は水切りしておく。
- 焼きたらこは薄皮を取りのぞいておく。

Part 2
おそうざいお米パン

基本の米パンに慣れてきたら、
好きな具材を入れ込んで作ってみましょう。
ほうれんそう、にんじん、ごぼう、梅などを入れれば、
味わいや風味が異なり、
より食べごたえのある米パンになります。

鮮やかな黄色と独特の香りが食欲をそそる
サフランとドライトマトのお米パン

焼きあがりまで
約**4時間00分**〜
約**4時間30分**

【材料】（1斤分）

◆ 米パンケースに入れる材料
- 白米 …………………………… 220g
- 水 …洗った白米と合わせて380gになる量
- サフラン ………………… ひとつまみ
- ドライトマト …………………… 30g
- 塩 ……………………………… 3g
- 砂糖 …………………………… 10g
- オリーブ油 …………………… 10g

◆ 自動投入ケースに入れる材料
- 小麦グルテン ………………… 50g
- ドライイースト ………………… 3g

【作り方】

1. サフランは水（大さじ2、分量外）に浸し、サフラン水を作っておく。ドライトマトは湯（分量外）につけて戻し、粗く刻む。

2. 白米は洗い、水気を切ってボウルに移す。デジタルスケールにのせ、水を加えていき、合計380gにしたあと、サフラン水をサフランごと加えて合計410gになるように調整する。

3. ドライイースト、小麦グルテン、ドライトマトの順に自動投入ケースに入れる。

4. 米パンケースに米パン羽根をセットし、2と塩、砂糖、オリーブ油を入れる。

5. 3と4を本体にセットし、フタをする。「米パン」キーを押したあと、「お米」コースを選び、そのあと「食パン」メニューを選び、スタートを押す。

6. 焼きあがりのアラームが鳴ったら、米パンケースを取り出す。パンを取り出したら、ケーキクーラーの上に置いて冷ます。

Point

サフランを水につけて、色を出してから加えるときれいな黄色の米パンになります。
ドライトマトは、セミドライのものを使用してもOK。
その場合は、湯につけずにそのまま使います。

サフランとドライトマトのお米パン アレンジ1

サフランの風味がカレーとよく合う

サフラン風味のカレーライスパン

【材料】（2人分）

サフランとドライトマトのお米パン
　……………………………… スライス 2 枚
カレー（市販）……………………………… 適量
サニーレタス ……………………………… 2 枚
トマト ……………………………………… 1/2個

【作り方】

1 サフランとドライトマトのお米パンは1/4の大きさに切る。

2 サニーレタスは食べやすい大きさにちぎる。トマトは1/4のくし切りにする。

3 温めたカレーを器に入れて皿の中央に置き、**1**のパンと**2**のサニーレタス、トマトを盛り付ける。パンをカレーに浸しながらいただく。

サフランとドライトマトのお米パン アレンジ2

たっぷりミートソースと
とろ～りチーズがマッチ

パエリア風トースト

【材料】（2人分）

サフランとドライトマトのお米パン
　……………………………… スライス 2 枚
赤・黄パプリカ ……………………… 各1/4個
ミートソース（市販）……………………… 適量
ピザ用チーズ ……………………………… 適量

【作り方】

1 サフランとドライトマトのお米パンは1/4の大きさに切り、重ねながら耐熱皿に円形に並べる。

2 **1**にミートソース、ピザ用チーズをかけてオーブントースターでチーズが溶けるまで焼く。

3 仕上げに細切りにしたパプリカを飾る。

ごぼうのしゃきっとした歯ごたえが楽しい

ごぼうとベーコンのお米パン

焼きあがりまで
約**4**時間**00**分～
約**4**時間**30**分

【材料】（1斤分）

◆ 米パンケースに入れる材料

白米	220g
水 …洗った白米と合わせて420gになる量	
ごぼう	30g
ベーコン	2枚
塩	3g
砂糖	10g
黒こしょう	少々
無塩バター	5g

◆ 自動投入ケースに入れる材料

小麦グルテン	50g
ドライイースト	3g

【作り方】

1. ごぼうは皮をこそげとり、粗く刻んで酢水（分量外）につけてあくを抜き、キッチンペーパーで水気をしっかりと拭き取る。ベーコンは粗みじんに切り、ごぼうと一緒にフライパンで炒めて、冷ます。

2. 白米は洗い、水気を切ってボウルに移す。デジタルスケールにのせ、水を加えていき、合計420gになるように調整する。

3. 小麦グルテンとドライイーストを自動投入ケースに入れる。

4. 米パンケースに米パン羽根をセットし、**2**と塩、砂糖、黒こしょう、無塩バターを入れる。

5. **3**と**4**を本体にセットし、フタをする。「米パン」キーを押したあと、「お米」コースを選び、そのあと「食パン」メニューを選び、スタートを押す。

6. こねの最中にアラームが鳴ったらフタを開け、自動投入ケースに残った粉を集めて生地に混ぜる。ゴムベラで生地をまとめ、**1**を加えて、フタを閉める。

7. 焼きあがりのアラームが鳴ったら、米パンケースを取り出す。パンを取り出したら、ケーキクーラーの上に置いて冷ます。

Point

ごぼうは酢水につけ、しっかりとあくを抜き、火を通しましょう。こうすることで、ごぼう独特の臭みが気にならなくなります。

ごぼうとベーコンのお米パン アレンジ1

米パンからじゅわっとしみ出る、スープの旨み

オニオングラタンスープ

【材料】(2人分)

ごぼうとベーコンのお米パン	…スライス1枚
たまねぎ	小2個
ピザ用チーズ	30g
水	2カップ
固形スープの素	2個
バター	20g
塩・こしょう	適宜

【作り方】

1 たまねぎは薄くスライスする。鍋にバターを溶かし、たまねぎを入れ、飴色になるまで炒める。

2 1に水と固形スープの素を加え、煮立ったら弱火にする。10分煮こみ、塩・こしょうで味をととのえる。

3 器の大きさに合わせて切ったごぼうとベーコンのお米パンにピザ用チーズをのせ、オーブントースターで焼き、盛り付けたスープに浮かべる。

ごぼうとベーコンのお米パン アレンジ2

ごぼう×ごぼうで食物繊維たっぷり

きんぴらマヨトースト

【材料】(2人分)

ごぼうとベーコンのお米パン	…スライス2枚
きんぴらごぼう(市販)	適量
マヨネーズ	適量
白ゴマ	適量
赤唐辛子	1本

【作り方】

1 ごぼうとベーコンのお米パンは食べやすい大きさに切る。

2 1にきんぴらごぼうをのせ、マヨネーズをかけ、オーブントースターで3分焼く。上から、白ゴマと輪切りにした赤唐辛子を散らす。

素材そのものの、ほのかな甘みがおいしい！
にんじんのお米パン

焼きあがりまで
約4時間00分～
約4時間30分

【材料】（1斤分）

◆ 米パンケースに入れる材料
- 白米 …………………………… 220g
- 水 …洗った白米と合わせて380gになる量
- にんじん（すりおろし）………… 50g
- にんじん（みじん切り）………… 30g
- 塩 ………………………………… 3g
- 砂糖 ……………………………… 15g
- 無塩バター ……………………… 5g

◆ 自動投入ケースに入れる材料
- 小麦グルテン …………………… 50g
- ドライイースト ………………… 3g

【作り方】

1. みじん切りにしたにんじんは耐熱容器に入れてラップをかぶせ、電子レンジで1分加熱して、冷ましておく。

2. 白米は洗い、水気を切ってボウルに移す。デジタルスケールにのせ、水を加えていき、合計380gになるように調整する。

3. 小麦グルテンとドライイーストを自動投入ケースに入れる。

4. 米パンケースに米パン羽根をセットし、**2**とすりおろしたにんじん、無塩バター、塩、砂糖を入れる。

5. **3**と**4**を本体にセットし、フタをする。「米パン」キーを押したあと、「お米」コースを選び、そのあと「食パン」メニューを選び、スタートを押す。

6. こねの最中にアラームが鳴ったらフタを開け、自動投入ケースに残った粉を集めて生地に混ぜる。ゴムベラで生地をまとめ、**1**を加えて、フタを閉める。

7. 焼きあがりのアラームが鳴ったら、米パンケースを取り出す。パンを取り出したら、ケーキクーラーの上に置いて冷ます。

Point

すりおろしたにんじんは、
空気に触れると変色します。
そのため、使う直前にすりおろしましょう。

にんじんのお米パン アレンジ1

隠し味の白味噌が、にんじんのお米パンにマッチ
鶏レバーパテのカナッペ

【材料】(作りやすい分量)

にんじんのお米パン……適量	白味噌……………………50g
鶏レバー……………220g	生クリーム………大さじ2
牛乳………………………適量	バター……………………40g
白ワイン……………1/4カップ	

【作り方】

1. 鶏レバーは牛乳に30分浸し、臭みを取る。

2. フライパンに半量のバターを溶かして**1**を炒め、白ワインを入れて汁気がなくなるまで煮詰める。

3. フードプロッサーに粗熱の取れた**2**と白味噌、生クリーム、残りのバターを入れ、なめらかになるまでよく混ぜ合わせる。

4. **3**を器に入れてラップをし、冷蔵庫で冷やす(4、5日保存可能)。

5. **4**を食べやすい大きさに切ったにんじんのお米パンに塗っていただく。

にんじんのお米パン アレンジ2

トッピングで味の変化を楽しみたい
ゆで豚のオープンサンド

【材料】(2人分)

にんじんのお米パン……スライス2枚	
豚かたまり肉(ロース、肩など)……200g	
グリーンリーフ…………………………2枚	
長ねぎのラー油あえ……………………適量	
いんげんのゴマあえ……………………適量	
もやしのナムル…………………………適量	
バター……………………………………適量	
塩…………………………………大さじ1	

【作り方】

1. 豚かたまり肉はフォークで穴を開け、塩をすりこみ、冷蔵庫で一晩置く。

2. 鍋にたっぷりの湯を沸かし、**1**を弱火で20分ゆで、取り出す。冷めたら5mm幅にスライスする。

3. 1/4の大きさに切ったにんじんのお米パンにバターを塗り、グリーンリーフ、**2**のゆで豚をのせ、長ねぎのラー油あえ、いんげんのゴマあえ、もやしのナムルなど好みの具材をのせる。

ほんのりグリーンに色づいた、ふんわり食感の米パン
ほうれんそうのお米パン

焼きあがりまで
約4時間00分〜
約4時間30分

【材料】（1斤分）

◆ 米パンケースに入れる材料

白米	220g
水 …洗った白米と合わせて400gになる量	
ほうれんそうのピューレ	30g
塩	3g
砂糖	10g
無塩バター	10g

◆ 自動投入ケースに入れる材料

小麦グルテン	50g
ドライイースト	3g

【作り方】

1 ほうれんそうはさっとゆで、キッチンペーパーで水気をしっかりと拭き取り、細かく刻んで裏ごししてピューレにする。

2 白米は洗い、水気を切ってボウルに移す。デジタルスケールにのせ、水を加えていき、合計400gになるように調整する。

3 小麦グルテンとドライイーストを自動投入ケースに入れる。

4 米パンケースに米パン羽根をセットし、1と塩、砂糖、無塩バターを入れる。

5 3と4を本体にセットし、フタをする。「米パン」キーを押したあと、「お米」コースを選び、そのあと「食パン」メニューを選び、スタートを押す。

6 焼きあがりのアラームが鳴ったら、米パンケースを取り出す。パンを取り出したら、ケーキクーラーの上に置いて冷ます。

Point

ほうれんそうはゆでて冷ましたら、しっかりと水気を拭き取りましょう。水気が多いと生地がやわらかくなり、パンがうまくふくらみません。ほうれんそうを小松菜など、その他の葉野菜に代えてもおいしいパンが作れます。

ほうれんそうのお米パン アレンジ1

大人数で楽しみたい、ぜいたくなパーティメニュー
まるごと米パンのチーズフォンデュ

【材料】（2人分）

ほうれんそうのお米パン	1斤
カマンベールチーズ(円形)	1個（100g）
白ワイン	少々
塩・こしょう	少々

【作り方】

1 ほうれんそうのお米パンは半分に切り、片方は中をカマンベールチーズの大きさに合わせてくり抜く。

2 1のくり抜き部分に、上下の皮を取ったカマンベールチーズを入れ、白ワイン、塩・こしょうをふりかけ、200℃に予熱したオーブンで、チーズが溶けるまで6〜7分焼く。

3 残りのパンはひと口大に切り、2のチーズに浸しながらいただく。

ほうれんそうのお米パン アレンジ2

隠し味のおかかじょうゆが
ほうれんそうの風味にマッチ
和風サーモンクリームチーズサンド

【材料】（2人分）

ほうれんそうのお米パン	スライス 4枚
クリームチーズ	80g
サーモン	4切れ
レタス	2枚
かつお節	大さじ2
しょうゆ	小さじ1/2
バター	適量

【作り方】

1 かつお節はしょうゆであえる。

2 ほうれんそうのお米パン1枚にバターを塗り、1、クリームチーズ、サーモン、レタスの順に半量ずつのせ、もう1枚のパンではさむ。これをもうひとつ作る。

3 2をそれぞれ半分に切る。

ほどよい酸味がアクセントの彩りも美しい一品

梅ゆかりのお米パン

焼きあがりまで
約4時間00分
〜
約4時間30分

【材料】（1斤分）

◆ 米パンケースに入れる材料
- 白米　　　　　　　　　　　　　220g
- 水 …洗った白米と合わせて425gになる量
- 塩　　　　　　　　　　　　　　2g
- 砂糖　　　　　　　　　　　　　10g
- ショートニング　　　　　　　　10g
- カリカリ梅　　　　　　　　　　30g

◆ 自動投入ケースに入れる材料
- 小麦グルテン　　　　　　　　　50g
- ドライイースト　　　　　　　　3g
- ゆかり　　　　　　　　　　　　5g

【作り方】

1. 白米は洗い、水気を切ってボウルに移す。デジタルスケールにのせ、水を加えていき、合計425gになるように調整する。

2. ドライイースト、小麦グルテン、ゆかりの順に自動投入ケースに入れる。

3. 米パンケースに米パン羽根をセットし、1と塩、砂糖、ショートニングを入れる。

4. 2と3を本体にセットし、フタをする。「米パン」キーを押したあと、「お米」コースを選び、そのあと「食パン」メニューを選び、スタートを押す。

5. こねの最中にアラームが鳴ったらフタを開け、自動投入ケースに残った粉を集めて生地に混ぜる。ゴムベラで生地をまとめ、種を取ってみじん切りにしたカリカリ梅を加えて、フタを閉める。

6. 焼きあがりのアラームが鳴ったら、米パンケースを取り出す。パンを取り出したら、ケーキクーラーの上に置いて冷ます。

Point

ゆかりは塩分があるため、ドライイーストと直接触れると発酵を妨げる場合があります。必ず、ドライイースト、小麦グルテン、ゆかりの順に自動投入ケースに入れ、揺らさないようにGOPANにセットしましょう。

Part 2　おそうざいお米パン

梅ゆかりのお米パン アレンジ1

ピリリと辛みの効いた
大人の風味を楽しんで

鶏ささみと青じその
わさび風味オープンサンド

【材料】(2人分)

梅ゆかりのお米パン	スライス2枚
鶏ささみ	2切れ
青じそ	2枚
マヨネーズ	大さじ3〜4
わさび	小さじ1/2
しょうゆ	少々
バター	適量

【作り方】

1. 梅ゆかりのお米パンは1枚を1/4に切る。
2. 鶏ささみはゆでたら火を止め、ゆで汁の中に入れたまま冷ます。冷めたら取り出して身をほぐし、マヨネーズとわさび、しょうゆを加えあえる。
3. **1**にバターを塗り、青じそと**2**をのせ、わさび(分量外)を飾る。

梅ゆかりのお米パン アレンジ2

とろろで包み込んだ米パンを
トースターでこんがり

長いものシーフード
パングラタン

【材料】(2人分)

梅ゆかりのお米パン	スライス2枚
長いも	130g
むきエビ	6尾
ホタテ	4個
卵	1個
塩	ひとつまみ
しょうゆ	少々
ゆかり	少々

【作り方】

1. 梅ゆかりのお米パンはひと口大に切り、グラタン皿に敷きつめる。
2. 長いもはすりおろし、卵、塩、しょうゆとよく混ぜ合わせる。
3. **1**にむきエビ、ホタテ、**2**をのせ、ゆかりを振りかけて、オーブントースターで長いもにうっすら焼き色がつくまで焼く。

こんぶだしの旨みがたっぷり入って滋味豊か

塩こんぶのお米パン

焼きあがりまで
約4時間00分〜
約4時間30分

【材料】（1斤分）

◆ 米パンケースに入れる材料
- 白米……………………………220g
- 水 ……洗った白米と合わせて420gになる量
- 塩………………………………3g
- 砂糖……………………………10g
- ショートニング…………………10g

◆ 自動投入ケースに入れる材料
- 小麦グルテン……………………50g
- ドライイースト……………………3g
- 塩こんぶ…………………………5g

【作り方】

1. 塩こんぶは刻んでおく。

2. 白米は洗い、水気を切ってボウルに移す。デジタルスケールにのせ、水を加えていき、合計420gになるように調整する。

3. ドライイースト、小麦グルテン、塩こんぶの順に自動投入ケースに入れる。

4. 米パンケースに米パン羽根をセットし、2と塩、砂糖、ショートニングを入れる。

5. 3と4を本体にセットし、フタをしたら、「米パン」キーを押したあと、「お米」コースを選び、そのあと「食パン」メニューを選び、スタートを押す。

6. 焼きあがりのアラームが鳴ったら、米パンケースを取り出す。パンを取り出したら、ケーキクーラーの上に置いて冷ます。

Point

塩こんぶは塩分があるため、ドライイーストと直接触れると発酵を妨げる場合があります。必ず、ドライイースト、小麦グルテン、塩こんぶの順に自動投入ケースに入れ、揺らさないようにGOPANにセットしましょう。

塩こんぶのお米パン アレンジ1
ホクホクじゃがいもに海の風味をプラス
タラモサラダのカナッペ

【材料】(2人分)

塩こんぶのお米パン	スライス2枚
じゃがいも	2個
たらこ	1腹
貝割れ菜	適量
マヨネーズ	大さじ2
塩・こしょう	少々
黒こしょう	少々

【作り方】

1 じゃがいもはよく洗い、皮ごと耐熱容器に入れてラップをし、電子レンジで5分加熱する。熱いうちに皮をむき、潰しておく。

2 1に皮を取り除いたたらこを加え、マヨネーズ、塩・こしょうで味をととのえる。

3 1/4に切った塩こんぶのお米パンを軽くトーストし、2 をのせて黒こしょうを散らし、貝割れ菜を飾る。

塩こんぶのお米パン アレンジ2
米パンでとろみをつけた、濃厚スープ
かぶの米パンポタージュ

【材料】(4人分)

塩こんぶのお米パン	スライス1/2枚
かぶ	4個
たまねぎ	1/4個
長ねぎ	1/2本
水	2カップ
固形スープの素	1個
牛乳	1/2カップ
生クリーム	適量
塩・こしょう	少々

【作り方】

1 かぶは皮をむき、8等分に切る。たまねぎ、長ねぎはみじん切りにする。塩こんぶのお米パンはひと口大に切る。

2 鍋にオリーブ油を熱し、たまねぎ、長ねぎを炒め、かぶを加えて軽く炒める。

3 2 に水と固形スープの素を加え、フタをする。沸騰したら弱火にし、かぶがやわらかくなるまで煮る。

4 1のパンを加え少し煮て、しんなりしてきたらハンディープロセッサー、またはフードプロセッサーでなめらかになるまで潰し、牛乳を加え、塩・こしょうで味をととのえる。

5 4 を器に盛り、生クリームをかけていただく。

2種類のゴマのプチプチとした食感がやみつきに

太白ゴマのお米パン

焼きあがりまで
約4時間00分
～
約4時間30分

【材料】（1斤分）

◆米パンケースに入れる材料
白米……………………………220g
水…洗った白米と合わせて410gになる量
塩………………………………3g
砂糖……………………………10g
太白ゴマ油……………………10g

◆自動投入ケースに入れる材料
小麦グルテン…………………50g
ドライイースト………………3g
白ゴマ・黒ゴマ………各小さじ1

Point

白ゴマ・黒ゴマは、
自動投入ケースに入れてください。
ゴマ油は、どんな種類でも構いませんが、
太白ゴマ油を使用すると、
あっさりとした仕上がりになります。

【作り方】

1 白米は洗い、水気を切ってボウルに移す。デジタルスケールにのせ、水を加えていき、合計410gになるように調整する。

2 小麦グルテンとドライイースト、白ゴマ・黒ゴマを自動投入ケースに入れる。

3 米パンケースに米パン羽根をセットし、1と塩、砂糖、太白ゴマ油を入れる。

4 2と3を本体にセットし、フタをする。「米パン」キーを押したあと、「お米」コースを選び、そのあと「食パン」メニューを選び、スタートを押す。

5 焼きあがりのアラームが鳴ったら、米パンケースを取り出す。パンを取り出したら、ケーキクーラーの上に置いて冷ます。

太白ゴマのお米パン アレンジ1

**優しい甘みを
香ばしいゴマパンではさんで**

かぼちゃサラダの
ゴマパンサンド

【作り方】

1 レーズンは湯（分量外）で戻し、水気を切っておく。スライスアーモンドはフライパンで乾煎りしておく。

2 かぼちゃは皮をむいてひと口大に切る。耐熱ボウルに入れラップをして、電子レンジで3分加熱する。

3 2が熱いうちにサワークリームを混ぜ合わせ、1を加える。グリーンリーフとともに太白ゴマのお米パンにはさんで1/4に切り、器に盛り付け、ミニトマトを添える。

【材料】（2人分）

太白ゴマのお米パン	スライス4枚
かぼちゃ	1/4個
レーズン	大さじ1
グリーンリーフ	2枚
ミニトマト	適宜
スライスアーモンド	小さじ1
サワークリーム	50g

太白ゴマのお米パン アレンジ2

**ゴマの風味が
サクサクのとんかつを引き立てる**

キャベツサラダの
ソースかつ丼

【作り方】

1 キャベツは千切りにし、よく混ぜ合わせた A とあえる。

2 太白ゴマのお米パンはひと口大に切り、どんぶりに入れる。

3 食べやすい大きさに切ったとんかつを温め、中濃ソースを塗り、1のキャベツサラダとともに2のどんぶりに盛る。

【材料】（2人分）

太白ゴマのお米パン	スライス2枚	A	粒マスタード	小さじ1
とんかつ（市販）	2枚		白ワインビネガー	大さじ1
キャベツ	4枚		塩	小さじ1/2
中濃ソース	適量		オリーブ油	大さじ2

和食の定番、味噌の風味と甘みが際立つ

赤味噌のお米パン

焼きあがりまで
約**4時間00分**〜約**4時間30分**

【材料】（1斤分）

◆ 米パンケースに入れる材料
- 白米 …………………………… 220g
- 水 …洗った白米と合わせて420gになる量
- 赤味噌 ………………………… 20g
- 塩 ……………………………… 3g
- 砂糖 …………………………… 10g
- ショートニング ……………… 10g

◆ 自動投入ケースに入れる材料
- 小麦グルテン ………………… 50g
- ドライイースト ……………… 3g

【作り方】

1 白米は洗い、水気を切ってボウルに移す。デジタルスケールにのせ、水を加えていき、合計420gになるように調整する。

2 小麦グルテンとドライイーストを自動投入ケースに入れる。

3 米パンケースに米パン羽根をセットし、1と赤味噌、塩、砂糖、ショートニングを入れる。

4 2と3を本体にセットし、フタをする。「米パン」キーを押したあと、「お米」コースを選び、そのあと「食パン」メニューを選び、スタートを押す。

5 焼きあがりのアラームが鳴ったら、米パンケースを取り出す。パンを取り出したら、ケーキクーラーの上に置いて冷ます。

Point

どんな種類の味噌でも作ることができますが、米パンにもっとも適しているのが赤味噌です。風味がよく、きれいな色に仕上がります。

赤味噌のお米パン アレンジ1

異なる味噌が混ざり合って、
おいしさ倍増！

田楽味噌トースト

【材料】（2人分）

赤味噌のお米パン …………… スライス2枚
田楽味噌 ………………………………… 適量
ゆずの皮 ………………………………… 適量

【作り方】

1 赤味噌のお米パンは1/4に切り、田楽味噌を塗り、オーブントースターで3～4分焼く。

2 仕上げにゆずの皮を散らす。

赤味噌のお米パン アレンジ2

開けてびっくり！
彩り豊かな米パンランチ

鶏そぼろのゴパン弁当

【材料】（2人分）

赤味噌のお米パン …………… スライス2枚
いんげん ………………………………… 6本
油 ……………………………………… 大さじ1

A 鶏ひき肉 …… 200g　　B 卵 ………… 2個
　しょうゆ … 大さじ4　　　塩 …… ひとつまみ
　みりん …… 大さじ1　　　みりん … 大さじ1
　酒 ………… 大さじ1
　砂糖 ……… 大さじ2

【作り方】

1 いんげんは塩ゆでし、ななめ切りにする。

2 ボウルにAをすべて入れ、混ぜ合わせる。

3 フライパンを熱し、2を入れ、菜箸4本で混ぜながら炒り煮にする。中～強火で手早く汁気をとばし、火を止める。

4 別のボウルにBをすべて入れ、混ぜ合わせる。

5 別のフライパンを弱火で熱し、油をまわし入れ、4を加えて、菜箸4本で混ぜ、パラパラになったら火を止める。

6 弁当箱にひと口大に切った赤味噌のお米パンを敷きつめ、1、3、5をのせる。

ミネラルと食物繊維をプラス、素朴な味わいのヘルシーパン

ひじきのお米パン

焼きあがりまで
約**4時間00分**～
約**4時間30分**

【材料】（1斤分）

◆米パンケースに入れる材料
  白米 ······················· 220g
  水 ···洗った白米と合わせて420gになる量
  ひじき（水で戻し、刻んだもの）····· 30g
  塩 ·························· 3g
  砂糖 ························ 10g
  ショートニング ················ 10g

◆自動投入ケースに入れる材料
  小麦グルテン ················· 50g
  ドライイースト ················ 3g

【作り方】

1. 白米は洗い、水気を切ってボウルに移す。デジタルスケールにのせ、水を加えていき、合計420gになるように調整する。

2. 小麦グルテンとドライイーストを自動投入ケースに入れる。

3. 米パンケースに米パン羽根をセットし、1と塩、砂糖、ショートニングを入れる。

4. 2と3を本体にセットし、フタをする。「米パン」キーを押したあと、「お米」コースを選び、そのあと「食パン」メニューを選び、スタートを押す。

5. こねの最中にアラームが鳴ったらフタを開け、自動投入ケースに残った粉を集めて生地に混ぜる。ゴムベラで生地をまとめ、ひじきを加えて、フタを閉める。

6. 焼きあがりのアラームが鳴ったら、米パンケースを取り出す。パンを取り出したら、ケーキクーラーの上に置いて冷ます。

Point

ひじきは、しっかりと水気を切ってから刻みましょう。水気が多いと生地がやわらかくなり、パンがうまくふくらみません。

44 | Part 2 おそうざいお米パン

ひじきのお米パン アレンジ1

ヘルシー&ジューシーで大満足のゴパンどんぶり
豆腐バーグの米パンロコモコ

【材料】(2人分)

ひじきのお米パン	2枚
レタス	1枚
ミニトマト	2個
卵	2個
貝割れ菜	適量

A
合挽き肉	200g
木綿豆腐(水切りしたもの)	50g
塩・こしょう	少々

B
トマトケチャップ	大さじ2
ウスターソース	大さじ2
白ワイン	大さじ1

【作り方】

1 ボウルに A をよく混ぜ合わせ、たねを作る。両手で空気を抜くようにして丸く形をととのえ、油(分量外)を熱したフライパンで両面を焼く。

2 別のフライパンに薄く油(分量外)を熱し、卵を割り入れ目玉焼きを作る。

3 1のフライパンに B を入れ、1で残った肉汁と合わせて弱火で煮詰める。

4 ひと口大に切ったひじきのお米パンをどんぶりに入れ、レタス、ミニトマト、1、2をのせ、3をかける。

ひじきのお米パン アレンジ2

フランスの定番トーストをゴパン風にアレンジ
鮭フレークのクロックムッシュ

【材料】(2人分)

ひじきのお米パン	4枚
鮭フレーク	80g
ホワイトソース(市販)	140g
ピザ用チーズ	120g
白ゴマ	適量
塩・こしょう	少々
バター	適量

【作り方】

1 ひじきのお米パン1枚にバターと半量のホワイトソースを塗る。塩・こしょうをふり、半量の鮭フレークをのせる。

2 1の上にバターを塗ったパン1枚をのせ、ピザ用チーズ、白ゴマを振りかけて、オーブントースターでピザ用チーズが溶けるまで焼く。これをもうひとつ作る。

3 2をそれぞれ半分に切る。

お酒の力でふっくらきれい＆もちもち食感
日本酒のお米パン

焼きあがりまで
約**4時間00分**〜
約**4時間30分**

【材料】（1斤分）

◆ 米パンケースに入れる材料

白米 …………………………………… 220g
日本酒 ………………………………… 100g
水 … 洗った白米、日本酒と合わせて420gになる量
塩 ……………………………………… 3g
砂糖 …………………………………… 10g
ショートニング ……………………… 10g

◆ 自動投入ケースに入れる材料

小麦グルテン ………………………… 50g
ドライイースト ……………………… 3g

【作り方】

1 白米は洗い、水気を切ってボウルに移す。デジタルスケールにのせ、日本酒を加える。さらに水を加えて、合計420gになるように調整する。

2 小麦グルテンとドライイーストを自動投入ケースに入れる。

3 米パンケースに米パン羽根をセットし、1と塩、砂糖、ショートニングを入れる。

4 2と3を本体にセットし、フタをする。「米パン」キーを押したあと、「お米」コースを選び、そのあと「食パン」メニューを選び、スタートを押す。

5 焼きあがりのアラームが鳴ったら、米パンケースを取り出す。パンを取り出したら、ケーキクーラーの上に置いて冷ます。

Point

日本酒には、米パンをふくらます効果があります。大吟醸酒を使うと甘みが増して香り高いのでオススメですが、吟醸酒や純米酒などでもおいしくできます。

日本酒のお米パン アレンジ1

お酒のおつまみにもなる、香ばしい一品

野沢菜漬けとツナのひと口おやき

【材料】(2人分)

日本酒のお米パン …………… スライス 2 枚
野沢菜漬け ……………………………… 50g
ツナ ……………………………… 80g(1缶)
ピザ用チーズ ……………………………… 少々

【作り方】

1. 野沢菜漬けは水気を絞って細かく刻み、油を切ったツナ、ピザ用チーズとあえる。
2. 日本酒のお米パン1枚に **1** を半量のせる。パンを2つ折りにして楊枝でとめ、フライパンで両面を焼く。これをもうひとつ作る。
3. 粗熱が取れたら、それぞれななめ半分に切る。

日本酒のお米パン アレンジ2

ふんわり米パンとジューシーチキンは相性抜群！

照り焼きチキンとゆずこしょうのサンド

【材料】(2人分)

日本酒のお米パン … スライス 2 枚	A しょうゆ ………… 大さじ 1
鶏もも肉 ………………………… 1 枚	砂糖 ………… 小さじ 2
レタス ………………………… 2 枚	酒 ………… 大さじ 1
ゆずこしょう …… 小さじ 1 ～ 2	みりん ………… 大さじ 1
サラダ油 …………… 大さじ1/2	
バター ……………………… 適量	

【作り方】

1. 鶏もも肉は A に30分以上浸し、下味をつけておく。
2. フライパンにサラダ油を熱し、鶏もも肉を皮目から焼く。焼き色がついたら裏返し、**1** で使ったタレをからめながら肉に火が通るまで焼く。粗熱が取れたらスライスする。
3. 日本酒のお米パンにバターを塗り、レタスと **2**、ゆずこしょうをのせ、もう1枚のパンではさんで半分に切る。

Column
お米パンに合うバターの作り方

米パンにももちろんバターはぴったり！ プレーンなバターでもおいしいけれど、せっかくパンを手作りしたのなら、バターも手作りしてみましょう。バターの味わいひとつで、おそうざいにもおやつにも早変わりです。

【作り方】
手作りバターの作り方はすべて同じです。無塩バターを室温でやわらかく戻し、材料を入れてから、よく混ぜ合わせます。その後、冷蔵庫に入れて保存してください。

A いちごジャムバター
【材料】
無塩バター…100g、
いちごジャム（市販）…大さじ2

B 黒糖ラムレーズンバター
【材料】
無塩バター…100g、黒糖…大さじ2、
ラムレーズン…10粒

C バジルバター
【材料】
無塩バター…100g、
バジルペースト（市販）…小さじ2

D はちみついちじくバター
【材料】
無塩バター…100g、はちみつ…大さじ2、
セミドライのいちじく（刻んでおく）…4〜5粒

E ガーリックバター
【材料】
無塩バター…100g、
にんにく（すりおろしておく）…1片、塩…小さじ1/4
※材料を混ぜたあとに、フライパンで乾煎りしたにんにくチップをのせてもおいしい。

Part 3
スイーツお米パン

甘いものを入れて焼いても
米パンはおいしく仕上がります。
チョコレート、オレンジピール、バナナなど
甘さを堪能できる具材を入れ込んで、
おやつにもぴったりな米パンを作ってみましょう。

爽やかなオレンジピールが香り立つ

オレンジブリオッシュ風お米パン

焼きあがりまで
約**4時間00分**〜
約**4時間30分**

【材料】（1斤分）

◆ 米パンケースに入れる材料

白米	220g
水 …洗った白米と合わせて380gになる量	
オレンジピール	30g
卵	30g（約1/2個分）
塩	3g
砂糖	30g
無塩バター	25g

◆ 自動投入ケースに入れる材料

小麦グルテン	50g
ドライイースト	3g

【作り方】

1 白米は洗い、水気を切ってボウルに移す。デジタルスケールにのせ、水を加えていき、合計380gになるように調整する。

2 小麦グルテンとドライイーストを自動投入ケースに入れる。

3 米パンケースに米パン羽根をセットし、1と卵、塩、砂糖、無塩バターを入れる。

4 2と3を本体にセットし、フタをする。「米パン」キーを押したあと、「お米」コースを選び、そのあと「食パン」メニューを選び、スタートを押す。

5 こねの最中にアラームが鳴ったらフタを開け、自動投入ケースに残った粉を集めて生地に混ぜる。ゴムベラで生地をまとめ、オレンジピールを加えて、フタを閉める。

6 焼きあがりのアラームが鳴ったら、米パンケースを取り出す。パンを取り出したら、ケーキクーラーの上に置いて冷ます。

Point

オレンジピール以外に、レモンピール、伊予柑ピールなど、他の柑橘類を使ってもおいしくできます。

オレンジブリオッシュ風お米パン アレンジ1

たっぷりしみ込んだシロップがたまらない！
紅茶のサバラン

【材料】（2人分）

オレンジブリオッシュ風お米パン…スライス 2 枚
オレンジの果肉 …………………………………… 1/4個分
ホイップクリーム ………………………………… 少々
ラム酒 …………………………………………… 大さじ 2
ミント …………………………………………… 少々

A 紅茶（濃いめにいれたもの） ………… 1 カップ
　オレンジの絞り汁 ………………………… 1/2個分
　砂糖 ……………………………………………… 60g

【作り方】

1 オレンジブリオッシュ風お米パンは1枚を1/4に切り、乾かしておく。

2 鍋にAを入れてひと煮立ちさせ、火を止める。ラム酒を加え、1を浸す。

3 2を器に盛り、ホイップクリームを添え、オレンジの果肉、ミントを飾る。

オレンジブリオッシュ風お米パン アレンジ2

フレンチベーカリーのお菓子を米パンで再現
米パンのボストック

【材料】（12個分）

オレンジブリオッシュ風お米パン…スライス 2 枚
卵 ………………………………… 20g（約1/3個分）
アーモンドパウダー ……………………………… 20g
グラニュー糖 ……………………………………… 20g
無塩バター ………………………………………… 20g
スライスアーモンド ……………………………… 大さじ 1
粉糖 ………………………………………………… 適量

【作り方】

1 オレンジブリオッシュ風お米パンは1枚を1/6に切る。

2 無塩バターは室温に戻してから、やわらかく練り、グラニュー糖、卵、アーモンドパウダーの順にすり混ぜ、1に塗る。

3 2にスライスアーモンドを散らし、オーブントースターで焼き色がつくまで焼く。

4 仕上げに粉糖を振りかける。

甘い香りが漂って、焼きあがりが待ちきれない

ココナツミルクのお米パン

焼きあがりまで
約**4時間00分**～
約**4時間30分**

【材料】（1斤分）

◆ 米パンケースに入れる材料
- 白米 ……………………………… 220g
- 水 …洗った白米と合わせて400gになる量
- ココナツミルク（缶） ……………… 50g
- 塩 ………………………………… 3g
- 砂糖 ……………………………… 25g
- ココナツファイン ………… 小さじ1

◆ 自動投入ケースに入れる材料
- 小麦グルテン …………………… 50g
- ドライイースト ………………… 3g

【作り方】

1. 白米は洗い、水気を切ってボウルに移す。デジタルスケールにのせ、水を加えていき、合計400gになるように調整する。
2. 小麦グルテンとドライイーストを自動投入ケースに入れる。
3. 米パンケースに米パン羽根をセットし、**1**、油分と水分をよく混ぜたココナツミルク、塩、砂糖を入れる。
4. **2**と**3**を本体にセットし、フタをする。「米パン」キーを押したあと、「お米」コースを選び、そのあと「食パン」メニューを選び、スタートを押す。
5. 発酵のあと、焼きに入る前にフタを開け、手早くココナツファインを散らしてフタを閉める。
6. 焼きあがりのアラームが鳴ったら、米パンケースを取り出す。パンを取り出したら、ケーキクーラーの上に置いて冷ます。

Point

米パン作りに必要な油脂は、ココナツに含まれます。
ココナツミルクは分離することがあるので、油分と水分をよく混ぜ合わせて計量しましょう。

ココナツミルクのお米パン アレンジ1

食べるのがもったいないくらいの愛らしさ
いちごのグラスショートケーキ

【材料】（2人分）

ココナツミルクのお米パン	スライス3〜4枚
いちご	8粒
いちごジャム	大さじ4
生クリーム	1/2カップ
砂糖	大さじ1

【作り方】

1. ココナツミルクのお米パンは、グラスのフチを使って丸くくり抜いて6つの円を作る。ヘタを取ったいちご6粒はそれぞれ1/2に切っておく。生クリームは砂糖を加え、八分立てにする。

2. いちごジャム、パン、生クリーム、切ったいちご、生クリーム、パン、生クリーム、パンの順に重ねてショートケーキ仕立てにする。

3. 2と同様の手順でもうひとつグラスショートケーキを作ったら、仕上げに生クリームを絞り、ヘタを取った粒のいちごをのせる。

ココナツミルクのお米パン アレンジ2

ココナツ×あんこの和菓子風コンビネーション
マスカルポーネと
小倉あんのトーストのせ

【材料】（2人分）

ココナツミルクのお米パン	スライス2枚
マスカルポーネチーズ	100g
小倉あん	80g

【作り方】

1. ココナツミルクのお米パンはトーストする。

2. 1にマスカルポーネチーズを塗り、小倉あんをのせる。

ほのかなゆずの香りが上品なさっぱり味
ゆずクリームチーズのお米パン

焼きあがりまで
約**4時間00分**〜
約**4時間30分**

【材料】（1斤分）

◆ 米パンケースに入れる材料
  白米 …………………………… 220g
  水 … 洗った白米と合わせて410gになる量
  ゆずの皮（すりおろし）………… 1個分
  クリームチーズ ………………… 30g
  塩 ……………………………… 3g
  砂糖 …………………………… 25g

◆ 自動投入ケースに入れる材料
  小麦グルテン …………………… 50g
  ドライイースト ………………… 3g

【作り方】

1. 白米は洗い、水気を切ってボウルに移す。デジタルスケールにのせ、水を加えていき、合計410gになるように調整する。

2. 小麦グルテンとドライイーストを自動投入ケースに入れる。

3. 米パンケースに米パン羽根をセットし、1とゆずの皮、クリームチーズ、塩、砂糖を入れる。

4. 2と3を本体にセットし、フタをする。「米パン」キーを押したあと、「お米」コースを選び、そのあと「食パン」メニューを選び、スタートを押す。

5. 焼きあがりのアラームが鳴ったら、米パンケースを取り出す。パンを取り出したら、ケーキクーラーの上に置いて冷ます。

Point

ゆずの皮は、白い綿まですりおろさず、表面の黄色い皮だけを加えるようにしてください。
油脂としてバターの代わりにクリームチーズを使用しています。

ゆずクリームチーズのお米パン アレンジ1
爽やかな風味をふんわり包み込んで
ゆずカスタードオムレット

【作り方】

1. 鍋に卵、卵黄、グラニュー糖を入れて泡立て器で混ぜる。ゆずの皮と、ゆずの絞り汁を加え、よく混ぜる。中火にかけてさらに混ぜながらとろみをつける。

2. 1が沸騰したら火を止め、無塩バターを加えて溶かし、器にあけて冷ます。

3. ゆずクリームチーズのお米パンを丸くくり抜いて（花形の抜き型を使うと便利）2をはさむ。ラップでしっかりとくるんで冷蔵庫で冷やし固め、形をととのえる。

【材料】（2人分）

ゆずクリームチーズのお米パン	スライス4枚
卵（全卵）	1個
卵黄	1個分
ゆずの皮（すりおろし）	1個分
ゆずの絞り汁	1/4カップ（約1.5個分）
グラニュー糖	70g
無塩バター	40g

ゆずクリームチーズのお米パン アレンジ2
GOPANで作ったお手製ジャムをのせて
ゆずジャムのタルティーヌ

【材料】（作りやすい分量）

ゆずクリームチーズのお米パン	適量
ゆず	300g（約4個分）
レモン汁	1/2個分
グラニュー糖	150g

【作り方】

1. ゆずはよく洗い、皮と実に分ける。皮は千切りにして湯に入れ、3回ほどゆでこぼす。実は種を取り、房ごと細かく刻む。

2. 1とレモン汁、グラニュー糖を小麦パン羽根をつけた小麦パンケースに入れ、「調理・もち」キーを押したあと、「ジャム」メニューを選び、スタートを押す。

3. できあがったら「とりけし」を押し、ジャムを取り出す（熱いのでやけどに注意する）。

4. 1/4に切ったゆずクリームチーズのお米パンに3をのせていただく。

焼きりんごを思わせる、甘く香ばしい一品

アップルシナモンのお米パン

焼きあがりまで
約4時間00分～
約4時間30分

【材料】（1斤分）

◆ 米パンケースに入れる材料
- 白米 ………………………… 220g
- 水…白米と合わせて420gになる量
- りんごのキャラメルソテー 50g
- 塩 ……………………………… 3g
- 砂糖 …………………………… 20g
- 無塩バター …………………… 10g

◆ 自動投入ケースに入れる材料
- 小麦グルテン ………………… 50g
- ドライイースト ……………… 3g
- シナモン …………… 小さじ1/2

<りんごのキャラメルソテーの材料（作りやすい分量）>
- りんご ……………………… 1/4個
- バター ………………………… 5g
- グラニュー糖 ………… 大さじ1

【作り方】

1. りんごのキャラメルソテーを作る。りんごは皮と芯を取り、3mm幅のいちょう切りにする。フライパンにバターを溶かし、りんごをソテーし、グラニュー糖を振りかけてキャラメリゼする。キッチンペーパーで余分な汁気や油を取り、冷ます。

2. 白米は洗い、水気を切ってボウルに移す。デジタルスケールにのせ、水を加えていき、合計420gになるように調整する。

3. ドライイースト、小麦グルテン、シナモンの順に自動投入ケースに入れる。

4. 米パンケースに米パン羽根をセットし、2と塩、砂糖、無塩バターを入れる。

5. 3と4を本体にセットし、フタをする。「米パン」キーを押したあと、「お米」コースを選び、そのあと「食パン」メニューを選び、スタートを押す。

6. こねの最中にアラームが鳴ったらフタを開け、自動投入ケースに残った粉を集めて生地に混ぜる。ゴムベラで生地をまとめ、1を加えて、フタを閉める。

7. 焼きあがりのアラームが鳴ったら、米パンケースを取り出す。パンを取り出したら、ケーキクーラーの上に置いて冷ます。

Point
りんごのキャラメルソテーは入れすぎるとふくらみが悪くなるので、分量を守りましょう。

アップルシナモンのお米パン アレンジ1

スプーンいっぱいほおばりたい
熱々スイーツ

米パンプディング

【材料】(2人分)

アップルシナモンのお米パン … スライス1枚
りんご……………………………………1/4個
卵…………………………………………1個
牛乳……………………………………3/4カップ
砂糖………………………………………30g
バニラオイル(バニラエッセンス)………少々
バター……………………………………適量

【作り方】

1. アップルシナモンのお米パンは2cm角に切る。りんごはよく洗って芯を取り、皮ごと3mm幅のいちょう切りにする。
2. ボウルに卵、砂糖、電子レンジで人肌に温めた牛乳、バニラオイルを加えてよく混ぜ、網でこす。
3. グラタン皿にバターを塗り、1を並べ、2を注ぎ入れる。
4. 湯を張った天板に3をのせ、150℃に予熱しておいたオーブンに天板ごと入れて、20～25分焼く。

アップルシナモンのお米パン アレンジ2

熱々りんごに
溶けだすアイスがからみあう

バニラアイスの
ホットアップルトースト

【材料】(2人分)

アップルシナモンのお米パン … スライス2枚
りんごのキャラメルソテー ……………適量
バニラアイスクリーム …………………適量

【作り方】

1. アップルシナモンのお米パンは軽くトーストする。
2. 1に熱々のりんごのキャラメルソテー(作り方は56ページの1を参照)とバニラアイスクリームをのせる。

ココアとチョコの上品な甘みが口の中に広がる、しっとりケーキパン

ダブルチョコのお米パン

焼きあがりまで
約**4時間00分**〜
約**4時間30分**

【材料】（1斤分）

◆ 米パンケースに入れる材料

白米	220g
水 …洗った白米と合わせて320gになる量	
板チョコレート	50g
牛乳	100g
塩	3g
砂糖	20g
無塩バター	10g

◆ 自動投入ケースに入れる材料

小麦グルテン	50g
ドライイースト	3g
ココアパウダー（無糖）	5g

Point

ココアは無糖のものを使用してください。
チョコレートは好みで、ミルクやビターなどどんな種類でもOKです。

【作り方】

1. 板チョコレートは粗く刻み、冷蔵庫で冷やしておく。

2. 白米は洗い、水気を切ってボウルに移す。デジタルスケールにのせ、水を加えていき、合計320gになるように調整する。

3. ドライイースト、小麦グルテン、ココアパウダーの順に自動投入ケースに入れる。

4. 米パンケースに米パン羽根をセットし、2と牛乳、塩、砂糖、無塩バターを入れる。

5. 3と4を本体にセットし、フタをする。「米パン」キーを押したあと、「お米」コースを選び、そのあと「食パン」メニューを選び、スタートを押す。

6. こねの最中にアラームが鳴ったらフタを開け、自動投入ケースに残った粉を集めて生地に混ぜる。ゴムベラで生地をまとめ、1を加えて、フタを閉める。

7. 焼きあがりのアラームが鳴ったら、米パンケースを取り出す。パンを取り出したら、ケーキクーラーの上に置いて冷ます。

ダブルチョコのお米パン アレンジ1

午後のティータイムにぴったり
練乳クリームのスイートサンド

【材料】（2人分）

ダブルチョコのお米パン ……スライス2枚（厚切り）
無塩バター …………………………………… 50g
練乳 ………………………………………… 30g
生クリーム ………………………………… 40ml

【作り方】

1 無塩バターは室温で戻してやわらかく練り、練乳を加え混ぜ合わせる。さらに、生クリームを少しずつ加え混ぜ合わせていく。

2 ダブルチョコのお米パンは半分に切り、側面に切り込みを入れる。

3 星型の口金をつけた絞り袋に1を入れ、2の切り込みに絞り入れる。

ダブルチョコのお米パン アレンジ2

お米から作るイタリアンの定番スイーツ
チョコパンティラミス

【材料】（2人分）

ダブルチョコのお米パン
　…………… スライス2枚
マスカルポーネチーズ … 100g
卵黄 ………………… 1個分
卵白 ………………… 1個分
グラニュー糖 ………… 40g
生クリーム ……… 1/2カップ
ココアパウダー ………… 適量

A コーヒー（濃いめにいれたもの）
　…………… 1/4カップ
　グラニュー糖 ………… 20g
　コーヒーリキュール
　…………………… 小さじ1

【作り方】

1 グラニュー糖40gは、30gと10gに分けておく。

2 Aをすべて混ぜ合わせる。

3 ダブルチョコのお米パンは1/4の大きさに切り、2に浸し、器に敷きつめる。

4 マスカルポーネチーズはやわらかく練り、卵黄、グラニュー糖30gを加えて混ぜ合わせる。

5 卵白にグラニュー糖10gを少しずつ加えハンドミキサーで泡立て、メレンゲを作る。

6 4に5を優しく加え、八分立てにした生クリームを加えてさっと混ぜ合わせ、器に流す。

7 冷蔵庫で冷やし、食べる直前にココアパウダーを茶こしで均一に振る。

ジンジャーの風味がじんわり効いてくる、ホッとする味わい

しょうがはちみつのお米パン

焼きあがりまで
約**4**時間**00**分〜
約**4**時間**30**分

【材料】（1斤分）

◆ 米パンケースに入れる材料
白米 …………………………… 220g
水 … 洗った白米と合わせて390gになる量
しょうが（すりおろし）………… 10g
はちみつ ……………………… 30g
塩 ……………………………… 3g
無塩バター …………………… 15g

◆ 自動投入ケースに入れる材料
小麦グルテン ………………… 50g
ドライイースト ………………… 3g

【作り方】

1 白米は洗い、水気を切ってボウルに移す。デジタルスケールにのせ、水を加えていき、合計390gになるように調整する。

2 小麦グルテンとドライイーストを自動投入ケースに入れる。

3 米パンケースに米パン羽根をセットし、**1**としょうが、はちみつ、塩、無塩バターを入れる。

4 **2**と**3**を本体にセットし、フタをする。「米パン」キーを押したあと、「お米」コースを選び、そのあと「食パン」メニューを選び、スタートを押す。

5 焼きあがりのアラームが鳴ったら、米パンケースを取り出す。パンを取り出したら、ケーキクーラーの上に置いて冷ます。

Point

しょうがは市販の
チューブ入りのものでもOKです。
はちみつが固まっている場合は、
軽く温めてから加えてください。

Part 3　スイーツお米パン

しょうがはちみつのお米パン アレンジ1

和洋の甘さを幾層にも重ねて

ジンジャーハニーミルフィーユ

【材料】（2人分）

しょうがはちみつのお米パン
　………………… スライス2枚（薄切り）
チョコスプレッド（市販）……………… 適量
無塩バター ………………………… 20g
はちみつ …………………………… 20g
きな粉 ……………………………… 10g

【作り方】

1. 室温に戻した無塩バターにきな粉、はちみつを加えてよく混ぜて、きな粉クリームを作る。

2. しょうがはちみつのお米パンは耳を切り落とし、1枚を6等分に細長く切る。

3. **2**、チョコスプレッド、**2**、きな粉クリームの順に重ねて5段作り、最後に **2** をのせる。

しょうがはちみつのお米パン アレンジ2

ふわふわ、しっとり、みんな大好きな味

はちみつフレンチトースト

【材料】（2人分）

しょうがはちみつのお米パン … スライス2枚
バター ……………………………… 適量
スライスアーモンド、粉糖、はちみつ … 適宜

A 卵 ………………………………… 2個
　　牛乳 ……………………………… 1/2カップ
　　砂糖 ……………………………… 40g
　　バニラオイル（バニラエッセンス）…… 少々

【作り方】

1. バットに **A** を入れてよく混ぜ、ななめに2等分したしょうがはちみつのお米パンを浸す。途中で裏返して、まんべんなく浸す。

2. フライパンにバターを溶かし、**1** の両面を弱火で焼く。

3. **2** を器に盛り付け、好みでスライスアーモンド、粉糖、はちみつをかける。

ほろ苦さと優しい甘みが絶妙に混ざり合う

抹茶ホワイトチョコのお米パン

焼きあがりまで
約4時間00分〜
約4時間30分

【材料】(1斤分)

◆ 米パンケースに入れる材料
- 白米 …………………………… 220g
- 水 …洗った白米と合わせて300gになる量
- ホワイトチョコレート ………… 30g
- 牛乳 …………………………… 120g
- 塩 ………………………………… 3g
- 砂糖 …………………………… 20g
- 無塩バター …………………… 15g

◆ 自動投入ケースに入れる材料
- 小麦グルテン ………………… 50g
- ドライイースト ………………… 3g
- 抹茶 …………………………… 5g

【作り方】

1. ホワイトチョコレートは粗く刻み、冷蔵庫で冷やしておく。

2. 白米は洗い、水気を切ってボウルに移す。デジタルスケールにのせ、水を加えていき、合計300gになるように調整する。

3. ドライイースト、小麦グルテン、抹茶の順に自動投入ケースに入れる。

4. 米パンケースに米パン羽根をセットし、**2**と牛乳、塩、砂糖、無塩バターを入れる。

5. **3**と**4**を本体にセットし、フタをする。「米パン」キーを押したあと、「お米」コースを選び、そのあと「食パン」メニューを選び、スタートを押す。

6. こねの最中にアラームが鳴ったらフタを開け、自動投入ケースに残った粉を集めて生地に混ぜる。ゴムベラで生地をまとめ、**1**を加えて、フタを閉める。

7. 焼きあがりのアラームが鳴ったら、米パンケースを取り出す。パンを取り出したら、ケーキクーラーの上に置いて冷ます。

Point

ホワイトチョコレートは焼く途中で溶けてしまいますが、風味として残り、ほんのりミルキーに仕上がります。

抹茶ホワイトチョコのお米パン アレンジ1

濃厚な抹茶パンに旬の果物と
生クリームをはさみこんで

たっぷりフルーツの生クリームサンド

【材料】(2人分)
抹茶ホワイトチョコのお米パン…スライス4枚
果物（いちご、キウイ、マンゴー）……… 適量
生クリーム ………………………… 1/2カップ
グラニュー糖 ……………………… 大さじ1

【作り方】

1. 生クリームはグラニュー糖を加えて八分立てにし、2枚の抹茶ホワイトチョコのお米パンに塗る。

2. 食べやすい大きさに切った果物を半量ずつ1にのせ、残りのパンではさむ。

3. 2をそれぞれ半分に切る。

抹茶ホワイトチョコのお米パン アレンジ2

抹茶の渋みでぐっとビターな味わいに！

抹茶風味のシュガーラスク

【材料】(12枚分)
抹茶ホワイトチョコのお米パン…スライス2枚
バター ……………………………………… 適量
グラニュー糖、または黒糖…………… 適量

【作り方】

1. 抹茶ホワイトチョコのお米パンは6等分の細切りにし、120℃に予熱しておいたオーブンで5分ずつ両面を焼き、溶かしたバターを塗る。

2. 1にグラニュー糖、または黒糖を振りかけ、160℃に予熱しておいたオーブンで5分焼く。

ヘルシーで栄養満点！　自然な甘さに顔がほころぶ

豆乳バナナのお米パン

焼きあがりまで
約**4**時間**00**分
〜
約**4**時間**30**分

【材料】（1斤分）

◆米パンケースに入れる材料
- 白米 ……………………………… 220g
- 水 …洗った白米と合わせて350gになる量
- バナナ ……………………… 50g（約1/2本）
- 豆乳 ……………………………… 100g
- 塩 ………………………………… 3g
- 砂糖 ……………………………… 25g
- 無塩バター ……………………… 15g

◆自動投入ケースに入れる材料
- 小麦グルテン …………………… 50g
- ドライイースト ………………… 3g

【作り方】

1. バナナはフォークで粗く潰しておく。

2. 白米は洗い、水気を切ってボウルに移す。デジタルスケールにのせ、水を加えていき、合計350gになるように調整する。

3. 小麦グルテンとドライイーストを自動投入ケースに入れる。

4. 米パンケースに米パン羽根をセットし、**2**と豆乳、塩、砂糖、無塩バターを入れる。

5. **3**と**4**を本体にセットし、フタをする。「米パン」キーを押したあと、「お米」コースを選び、そのあと「食パン」メニューを選び、スタートを押す。

6. こねの最中にアラームが鳴ったらフタを開け、自動投入ケースに残った粉を集めて生地に混ぜる。ゴムベラで生地をまとめ、**1**を加えて、フタを閉める。

7. 焼きあがりのアラームが鳴ったら、米パンケースを取り出す。パンを取り出したら、ケーキクーラーの上に置いて冷ます。

Point

豆乳は、甘みのある調整豆乳を使っています。好みで無調整のものでもOK。入れすぎるとふくらみが悪くなるので注意しましょう。

豆乳バナナのお米パン アレンジ1

シナモン風味がバナナによく合う
バナピートースト

【材料】（2人分）

豆乳バナナのお米パン	スライス2枚
バナナ	1本
ピーナツバター	適量
メープルシロップ	適量
シナモンシュガー	適量

【作り方】

1 豆乳バナナのお米パンにピーナツバターを塗り、バナナの輪切りを並べる。

2 1にシナモンシュガーを振ってオーブントースターで焼き色がつくまで焼く。

3 器に盛り、仕上げにメープルシロップをかける。

豆乳バナナのお米パン アレンジ2

キャンディーみたいなうず巻きがかわいい
くるくるジャムロールのロリポップ

【材料】（2人分）

豆乳バナナのお米パン	スライス2枚
ブルーベリージャム	適量
いちごジャム	適量

【作り方】

1 豆乳バナナのお米パンは、耳を切り落とす。

2 1にブルーベリージャム、いちごジャムをそれぞれ塗り、端からくるくると巻く。

3 ラップでしっかりと止め、冷凍庫で20分冷やし、1cm幅に切ってピックでとめ、器に盛る。

黒糖のコクと香りをプラスした大人のレーズンパン
黒糖レーズンのお米パン

焼きあがりまで
約4時間00分〜
約4時間30分

【材料】（1斤分）

◆ 米パンケースに入れる材料

白米	220g
水 …洗った白米と合わせて420gになる量	
レーズン	50g
黒糖	25g
塩	3g
無塩バター	15g

◆ 自動投入ケースに入れる材料

小麦グルテン	50g
ドライイースト	3g

【作り方】

1 レーズンは湯で戻し、キッチンペーパーで水気を拭き取っておく。

2 白米は洗い、水気を切ってボウルに移す。デジタルスケールにのせ、水を加えていき、合計420gになるように調整する。

3 小麦グルテンとドライイーストを自動投入ケースに入れる。

4 米パンケースに米パン羽根をセットし、2と黒糖、塩、無塩バターを入れる。

5 3と4を本体にセットし、フタをする。「米パン」キーを押したあと、「お米」コースを選び、そのあと「食パン」メニューを選び、スタートを押す。

6 こねの最中にアラームが鳴ったらフタを開け、自動投入ケースに残った粉を集めて生地に混ぜる。ゴムベラで生地をまとめ、1を加えて、フタを閉める。

7 焼きあがりのアラームが鳴ったら、米パンケースを取り出す。パンを取り出したら、ケーキクーラーの上に置いて冷ます。

Point

黒糖の代わりにブラウンシュガー、三温糖、きび砂糖を使用してもおいしく焼きあがります。

黒糖レーズンのお米パン アレンジ1

**フライパンで簡単に作れる
昔ながらのサクサクおやつ**

黒糖かりんとう

【材料】(16個分)

黒糖レーズンのお米パン ……スライス 2 枚
水あめ …………………………………大さじ 2
黒糖 ……………………………………50g
サラダ油(揚げ油) ……………………適量

【作り方】

1 黒糖レーズンのお米パンは1枚を棒状に8等分に切り、サラダ油でさっと揚げる。

2 フライパンに水あめと黒糖を溶かし、ふつふつしてきたら1を入れてからめる。

3 熱いうちに、クッキングペーパーの上に重ならないように広げて冷ます。

黒糖レーズンのお米パン アレンジ2

**コリッとした歯ざわりがおいしい
具だくさんのスイートサンド**

メープルクリームチーズと
クルミのサンド

【材料】(2人分)

黒糖レーズンのお米パン ……スライス 4 枚
クルミ …………………………………8 個
クリームチーズ ………………………100g
メープルシロップ ……………………大さじ 2

【作り方】

1 クルミはフライパンで乾煎りしたあと、粗くみじん切りにする。

2 クリームチーズとメープルシロップを混ぜ、2枚の黒糖レーズンのお米パンに半量ずつを塗る。

3 2 に 1 を半量ずつ散らし、残りのパンではさむ。

4 3 をそれぞれ半分に切り、器に盛る。

香ばしいゴマとホクホクの食感がくせになる
大学いもとゴマのお米パン

> 焼きあがりまで
> 約**4**時間**00**分〜
> 約**4**時間**30**分

【材料】（1斤分）

◆米パンケースに入れる材料
- 白米 …………………………… 220g
- 水 …洗った白米と合わせて420gになる量
- 塩 ……………………………… 3g
- 砂糖 …………………………… 20g
- 無塩バター …………………… 10g

◆自動投入ケースに入れる材料
- 小麦グルテン ………………… 50g
- ドライイースト ………………… 3g
- 白ゴマ ………………………… 小さじ1
- 黒ゴマ ………………………… 小さじ1

＜大学いもの材料＞
- さつまいも …………………… 50g
- ゴマ …………………………… 適量
- はちみつ ……………………… 大さじ2
- バター ………………………… 20g

【作り方】

1. 大学いもを作る。さつまいもは細めの棒状に切り、水に浸してあくを抜き、水気を拭いておく。フライパンにバターを溶かし、さつまいもを入れて中火で炒める。火が通ったらはちみつを加え、弱火にしてからめていき、仕上げにゴマを振る。粗熱が取れたら、1cm角に刻む。

2. 白米は洗い、水気を切ってボウルに移す。デジタルスケールにのせ、水を加えていき、合計420gになるように調整する。

3. 小麦グルテンとドライイースト、白ゴマ、黒ゴマを自動投入ケースに入れる。

4. 米パンケースに米パン羽根をセットし、2と塩、砂糖、無塩バターを入れる。

5. 3と4を本体にセットし、フタをする。「米パン」キーを押したあと、「お米」コースを選び、そのあと「食パン」メニューを選び、スタートを押す。

6. こねの最中にアラームが鳴ったらフタを開け、自動投入ケースに残った粉を集めて生地に混ぜる。ゴムベラで生地をまとめ、1を加えて、フタを閉める。

7. 焼きあがりのアラームが鳴ったら、米パンケースを取り出す。パンを取り出したら、ケーキクーラーの上に置いて冷ます。

Point

大学いもに使用するゴマは、白ゴマ、黒ゴマどちらでもOKです。
市販の大学いもを使っても作れます。

大学いもとゴマのお米パン アレンジ1

キンと冷やしていただきたい
歯ざわりも楽しめるアイス

米パンのアイスクリームチャンク

【材料】(2人分)

大学いもとゴマのお米パン ……スライス **1** 枚
大学いも ………………………………… 適量
バニラアイスクリーム …………………… 適量

【作り方】

1 大学いもとゴマのお米パンは細かく切る。

2 **1**と大学いも(作り方は68ページの**1**を参照)をバニラアイスクリームと混ぜ、冷凍庫で冷やす。

大学いもとゴマのお米パン アレンジ2

さつまいもの食感がアクセント！
甘酸っぱい爽やかトースト

サワークリームのシュガートースト

【材料】(2人分)

大学いもとゴマのお米パン ……スライス **2** 枚
サワークリーム ………………………… 60g
グラニュー糖 …………………………… 適量

【作り方】

1 大学いもとゴマのお米パンにサワークリームを塗る。

2 **1**にたっぷりのグラニュー糖をかけ、トーストする。

Column

お米パンに合うジャムの作り方

GOPANではパン以外に手作りジャムだって作れます！果物を入れて「ジャム」メニューを選択するだけで、約2時間でおいしいジャムのできあがり。新鮮なフルーツを入れて、米パンに合わせていただきましょう。

【作り方】
材料の下ごしらえをしたあとの作り方は、すべて同じです。小麦パンケースに小麦パン羽根をセットし、材料をすべて入れます。「調理・もち」コースを選び、「ジャム」メニューを選択したら、スタートを押してください。できあがりのアラームが鳴ったら、熱いうちにジャムを取り出します。冷ましてから、容器に入れ、冷蔵庫で保存しましょう。

A いちご×ラズベリージャム

【材料】
いちご…200g、ラズベリー（冷凍でも可）…100g、グラニュー糖…150g、レモン汁…1/2個分

【下ごしらえ】
● いちごは洗ってヘタを取り、半分に切っておく。

B ブルーベリー×アーモンドジャム

【材料】
ブルーベリー…300g、スライスアーモンド…10g、グラニュー糖…150g、レモン汁…1/2個分

【下ごしらえ】
● スライスアーモンドは、フライパンで薄茶色になるまで乾煎りし、仕上げに加える。

C キウイ×ミントジャム

【材料】
キウイ…300g、ミントの葉…6枚、グラニュー糖…150g、レモン汁…1/2個分

【下ごしらえ】
● キウイは皮をむき、粗く刻んでおく。
● ミントの葉は細かく刻み、仕上げに加える。

D パイナップル×ピンクペッパージャム

【材料】
パイナップル…300g、グラニュー糖…150g、レモン汁…1/2個分、ピンクペッパー…10粒

【下ごしらえ】
● パイナップルは皮をむき、粗く刻んでおく。
● ピンクペッパーは仕上げに加える。

Part 4
成形パン

GOPANでは、こねた生地を自分の手で成形する

「成形パン」だってちゃんと作れます。

ロールパンやクロワッサン、ドーナツなど

しっかりとお米の甘さを感じられる成形パンが完成。

少しの手間を惜しまずに、丁寧に仕上げましょう。

※レシピ内にあるオーブンは電気オーブンで、天板2枚を使用した場合です。
温度、焼き時間は、機種によって異なりますので、
ご自宅のオーブンに合わせ、様子を見ながら焼いてください。
なお、ガスオーブンをご使用の場合は、温度を10℃下げて焼いてください。

米のつぶつぶ感も味わえる、朝食に最適の一品
胚芽米のロールパン

焼きあがりまで
約**3時間00分**
～
約**3時間30分**

【材料】（10個分）

◆ 米パンケースに入れる材料

胚芽米	220g
水	洗った胚芽米と合わせて420gになる量
塩	4g
砂糖	30g
無塩バター	25g

◆ 自動投入ケースに入れる材料

小麦グルテン	50g
ドライイースト	3g
上新粉（打ち粉用）	適量

Point

生地をロールするときは、巻き終わりの部分を上にしたまま発酵させると、生地がふくらんだ際にほどけてしまいます。必ず巻き終わりを下にして置きましょう。

【作り方】

1 胚芽米は洗い、水気を切ってボウルに移す。デジタルスケールにのせ、水を加えていき、合計420gになるように調整する。

2 小麦グルテンとドライイーストを自動投入ケースに入れる。

3 米パンケースに米パン羽根をセットし、1と塩、砂糖、無塩バターを入れる。

4 2と3を本体にセットし、フタをする。「米パン生地」キーを押し、「お米」メニューを選び、「パン生地」を押してから、スタートを押す。

5 「こね」が終了し、アラームが鳴ったら、米パンケースを取り出す。中の生地を取り出し、ついている羽根を取り除く。

6 こね板の上に、上新粉の打ち粉を振り、生地をスケッパーで切りながら10等分にする（1個あたり50〜52g）。

7 分けた生地をひとつずつ丸めていく。このとき、生地がべたついていたら、手に少量の上新粉をつけながら丸める。生地を内側に向けて包み込むようにしながら丸め、表面をなめらかにととのえる。

8 こね板に打ち粉をして、丸めた生地の1/3を手で押さえ、のばしながら転がして、長細い円すい形にする。

※生地を成形するときは、スピーディにおこないましょう。時間をかけると発酵が進み、酸味のある味になってしまいます。

9 8を縦に置き、細いほうの端を指でつまみ、麺棒をかけて25cmの長さになるまで生地を平らにのばし、長細いしゃもじのような形にする。太いほうの端を下にして、下から上へロールパンの形に巻きあげていく。

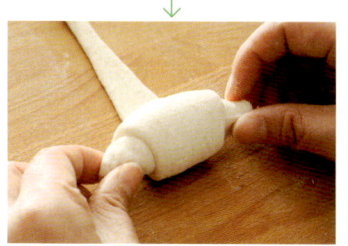

10 真ん中まで巻いたら手に持ち替え、細いほうの端を引っ張りながら、3重くらいのロールになるように巻きつけ、巻き終わりの部分を下にして置く。

11 クッキングシートを敷いた天板に並べ、35℃のオーブンに30分置き、発酵させる。自宅のオーブンにスチーム機能がない場合は、パンに霧吹きで水をかけるか、湯を張ったコップをひとつ入れて乾燥を防ぐ。

12 30分後、発酵してふくらんでいるかを確認する。

13 180℃に予熱しておいたオーブンに天板ごと入れ、15〜17分焼いたら、できあがり。

そのまま食べても、サンドイッチに使っても◎

お米のマフィン（プレーン、チョコ）

焼きあがりまで
約3時間00分〜
約3時間30分

【材料】（7個分）

◆米パンケースに入れる材料
- 白米 …………………………………… 220g
- 水 …洗った白米と合わせて420gになる量
- 塩 ……………………………………… 5g
- 砂糖 …………………………………… 20g
- オリーブ油 …………………………… 10g

◆自動投入ケースに入れる材料
- 小麦グルテン ………………………… 50g
- ドライイースト ……………………… 3g

- 上新粉（打ち粉用） ………………… 適量
- チョコチップ ………………………… 30g

Point

オーブンがなくても、ホットプレートやフライパンで簡単に焼くことができます。焼くときは、油をひかずに弱火でゆっくりと焼き色がつくまで焼いてください。

【作り方】

1. 白米は洗い、水気を切ってボウルに移す。デジタルスケールにのせ、水を加えていき、合計420gになるように調整する。

2. 小麦グルテンとドライイーストを自動投入ケースに入れる。

3. 米パンケースに米パン羽根をセットし、1と塩、砂糖、オリーブ油を入れる。

4. 2と3を本体にセットし、フタをする。「米パン生地」キーを押し、「お米」メニューを選び、「パン生地」を押し、スタートを押す。

5. 「こね」が終了し、アラームが鳴ったら、米パンケースを取り出す。中の生地を取り出し、ついている羽根を取り除く。

6. こね板の上に、上新粉の打ち粉を振り、生地をスケッパーで切りながら7等分にする（1個あたり約75g）。

7. 分けた生地をひとつずつ丸めていく。このとき、生地がべたついていたら、手に少量の上新粉をつけながら丸める。生地を内側に向けて包み込むようにしながら丸め、表面をなめらかにととのえる。

8. チョコチップ入りのマフィンを作る場合は、このときに加える。チョコチップの位置が偏らないよう、まばらに混ぜて丸めること。

9. こね板に打ち粉をして、打ち粉を両面につけながら、生地を手のひらで平らに押し潰して直径10cmくらいの大きさにする。

10. クッキングシートを敷いた天板に並べ、35℃のオーブンに30分置き、発酵させる。自宅のオーブンにスチーム機能がない場合は、パンに霧吹きで水をかけるか、湯を張ったコップをひとつ入れて乾燥を防ぐ。

11. 30分後、発酵してふくらんでいるかを確認する。

12. 生地の上にクッキングシートをかぶせ、重しとなる天板（なければ重しとなる耐熱皿でも可）をのせて、生地が平らなまま焼かれるようにする。

13. 190℃に予熱しておいたオーブンに天板ごと入れ、10〜12分焼く。そのあと、上の天板を取り、直に4〜5分焼いたら、できあがり。

※生地を成形するときは、スピーディにおこないましょう。時間をかけると発酵が進み、酸味のある味になってしまいます。

75

米が粗く入った生地で、いつものピザより食べごたえUP！
雑穀米のピザ

焼きあがりまで
約2時間30分
～
約3時間00分

※一晩の浸水時間は含んでいません。

【材料】(2枚分)

◆ 米パンケースに入れる材料
- 白米 …………………………… 180g
- 雑穀米 ……………………………50g
- 水 …洗った白米・雑穀米と合わせて440gになる量
- 塩 ………………………………… 4 g
- 砂糖 ……………………………… 15g
- 無塩バター ……………………… 20g

◆ 自動投入ケースに入れる材料
- 小麦グルテン ……………………50g
- ドライイースト …………………… 3 g

- 上新粉(打ち粉用) ……………… 適量

Point

麺棒で生地を大きくのばすときは、端が少し盛り上がるように、麺棒を端の手前で止めます。こうすることでフチができ、あとで具材をのせてもこぼれにくくなります。

Part 4　成形パン

【作り方】

1. 白米と雑穀米は洗い、水気を切ってボウルに移す。デジタルスケールにのせ、水を加えていき、合計440gになるように調整したら、冷蔵庫で一晩置く。

2. 小麦グルテンとドライイーストを自動投入ケースに入れる。

3. 米パンケースに米パン羽根をセットし、1と塩、砂糖、無塩バターを入れる。

4. 2と3を本体にセットし、フタをする。「米パン生地」キーを押し、「雑穀」メニューを選び、「パン生地」を押してから、スタートを押す。

5. 「こね」が終了し、アラームが鳴ったら、米パンケースを取り出す。中の生地を取り出し、ついている羽根を取り除く。

6. こね板の上に、上新粉の打ち粉を振り、生地にも打ち粉を軽くまぶしたら、スケッパーで2等分にする（1個あたり約270g）。

7. 分けた生地を1つずつ丸めていく。このとき、生地がべたついていたら、手に少量の上新粉をつけながら丸める。生地を内側に向けて包み込むようにしながら丸め、表面をなめらかにととのえる。

※生地を成形するときは、スピーディにおこないましょう。時間をかけると発酵が進み、酸味のある味になってしまいます。

8. こね板に打ち粉をして、麺棒で生地を直径25cmに丸く平らにのばす。生地の上下にクッキングシートをはさんでのばすと、くっつかずにのばしやすい。

9. クッキングシートを敷いた天板に置き、上のクッキングシートをはがす。ピザにソースを塗るものは、このタイミングで塗っておく（下部レシピ参照）。なお、ピザ生地は発酵させない。

10. 250℃に予熱しておいたオーブンに天板ごと入れ、10分焼く（2枚同時に焼く場合は、15分焼く）。好みの具材をのせたら、できあがり。

トッピング 1
ルッコラと生ハムのサラダピザ

工程9で市販のトマトソース（大さじ3）を塗る。焼きあがったら、ルッコラ、生ハム、パルメザンチーズ（薄切り）を散らす。

トッピング 2
韓国焼肉風ピザ

あらかじめ、市販の焼肉のタレをつけた牛カルビ肉をフライパンで焼いておく。工程9でマヨネーズ（大さじ2）と豆板醤（小さじ1）を混ぜたものを塗り、生地を焼く。焼きあがったら、焼肉、青ねぎ、糸唐辛子をのせる。

小麦ベーグルよりもふんわり&もちもち

お米のベーグル

焼きあがりまで
約3時間10分〜
約3時間40分

【材料】(6個分)

◆ 米パンケースに入れる材料
- 白米 …………………………… 220g
- 水 … 洗った白米と合わせて410gになる量
- 塩 ……………………………… 4g
- 砂糖 …………………………… 15g
- 無塩バター …………………… 5g

◆ 自動投入ケースに入れる材料
- 小麦グルテン ………………… 50g
- ドライイースト ……………… 3g

- 上新粉(打ち粉用) …………… 適量
- 黒糖(ケトリング用) ………… 大さじ1
- ゴマ ………… 大さじ1(1個あたり)

Point

ベーグルをゆでるときは、
ツヤを出すために湯に黒糖を入れます。
黒糖がない場合は、
はちみつでも代用可能です。

【作り方】

1 白米は洗い、水気を切ってボウルに移す。デジタルスケールにのせ、水を加えていき、合計410gになるように調整する。

2 小麦グルテンとドライイーストを自動投入ケースに入れる。

3 米パンケースに米パン羽根をセットし、1と塩、砂糖、無塩バターを入れる。

4 2と3を本体にセットし、フタをする。「米パン生地」キーを押し、「お米」メニューを選び、「パン生地」を押してから、スタートを押す。

5 「こね」が終了し、アラームが鳴ったら、米パンケースを取り出す。中の生地を取り出し、ついている羽根を取り除く。

6 こね板の上に、上新粉の打ち粉を振り、生地をスケッパーで切りながら6等分にする(1個あたり78～80g)。

7 分けた生地をひとつずつ丸めていく。このとき、生地がべたついていたら、手に少量の上新粉をつけながら丸める。生地を内側に向けて包み込むようにしながら丸め、表面をなめらかにととのえる。

8 こね板に打ち粉をして、丸めた生地を手で転がして長細い円すい形にする。

9 片方の端を指でつまんで、少し潰して広げる。

※生地を成形するときは、スピーディにおこないましょう。時間をかけると発酵が進み、酸味のある味になってしまいます。

10 生地で輪を作る。生地の端は9で広げたほうで細いほうを包むようにしてとめる。

11 クッキングシートを敷いた天板に並べ、40℃のオーブンに30分置き、発酵させる。自宅のオーブンにスチーム機能がない場合は、パンに霧吹きで水をかけるか、湯を張ったコップをひとつ入れて乾燥を防ぐ。

12 30分後、発酵してふくらんでいるかを確認する。

13 鍋に水(分量外)を入れて沸騰させてから火を弱め、静かに煮立たせる。黒糖を入れて溶かしたら、ベーグルを入れて片面15秒ほどずつゆで、取り出して湯を切る。

14 ゴマをつける場合は、このタイミングで表面にゴマをつける。

15 200℃に予熱しておいたオーブンに天板ごと入れ、15～17分焼いたら、できあがり。好みのペーストを塗っていただく。

79

玄米のパワーでより香ばしく、食物繊維も豊富に！
玄米のクロワッサン

焼きあがりまで
約6時間20分
～
約7時間00分

※一晩の浸水時間は含んでいません。

【材料】（14個分）

◆ 米パンケースに入れる材料
- 白米 ……………………………… 90g
- 玄米 ……………………………… 130g
- 水 …洗った白米・玄米と合わせて400gになる量
- 卵 ………………………… 30g(約1/2個分)
- 塩 ………………………………… 4g
- 砂糖 ……………………………… 25g
- 無塩バター ……………………… 20g

◆ 自動投入ケースに入れる材料
- 小麦グルテン …………………… 50g
- ドライイースト …………………… 3g

- 上新粉(打ち粉用) ……………… 適量
- 卵黄(塗り用) …………………… 1/2個分
- 無塩バター(折り込み用) ……… 120g

Point

工程9でバターを入れた生地をのばすとき、やわらかくなったバターがはみ出してしまわないように慎重にのばしましょう。バターがはみ出ると油っぽくなってしまいます。

【作り方】

1. 白米と玄米は洗い、水気を切ってボウルに移す。デジタルスケールにのせ、水を加えていき、合計400gになるように調整したら、冷蔵庫で一晩置く。

2. 小麦グルテンとドライイーストを自動投入ケースに入れる。

3. 米パンケースに米パン羽根をセットし、1と卵、塩、砂糖、無塩バターを入れる。

4. 2と3を本体にセットし、フタをする。「米パン生地」キーを押し、「玄米」メニューを選び、「パン生地」を押してから、スタートを押す。

5. 「こね」が終了し、アラームが鳴ったら、米パンケースを取り出す。中の生地を取り出し、ついている羽根を取り除く。

6. 無塩バター（折り込み用）はあらかじめポリ袋に入れて室温に戻し、麺棒で15cm×15cmにのばしたあと、冷蔵庫で冷やしておく。

7. こね板の上に上新粉の打ち粉を振り、5の生地を軽く丸めたら、ポリ袋に入れて冷蔵庫で30分冷やす。

8. 打ち粉を振ったこね板の上に冷えた生地を置き、麺棒で20cm×20cmにのばす。

9. 冷やしておいたバターを生地の中央にのせ、四方から生地をたたんで、バターを包み込む。最後に、バターがはみ出さないようにしっかりと閉じ合わせる。

10. 生地を麺棒で縦40cm×横20cmにのばしてから、3つ折りにする。ラップで包んで、冷蔵庫で15分休ませる。この作業を3回繰り返す。

11. 3回繰り返したあと、冷えた生地を縦35cm×横40cmにのばし、横半分に切る（端を切り落としてまっすぐにしておくとベター）。

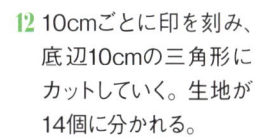

12. 10cmごとに印を刻み、底辺10cmの三角形にカットしていく。生地が14個に分かれる。

13. 三角形の底辺の中央に刻みを入れ、そこを中心に左右に開くようにしながら巻き上げていく。最後には、巻き終わりを下にして置く。

※生地を成形するときは、スピーディにおこないましょう。時間をかけると発酵が進み、酸味のある味になってしまいます。

14. クッキングシートを敷いた天板に並べ、ラップをして、25〜28℃の室温で40分発酵させる。

15. 40分後、発酵してふくらんでいるかを確認する。ふくらんでいたら、表面に卵黄をひとはけ塗る。

16. 200℃に予熱しておいたオーブンに天板ごと入れて5分焼いたあと、温度を180℃に落として13〜15分焼いたら、できあがり。

フレッシュな具材をたくさんはさんで食べたい！

お米のピタパン

焼きあがりまで
約3時間00分～
約3時間30分

【材料】（4枚分）

◆ 米パンケースに入れる材料
- 白米 ……………………… 220g
- 水 …洗った白米と合わせて420gになる量
- 塩 ………………………… 4g
- 砂糖 ……………………… 15g
- サラダ油 ………………… 5g

◆ 自動投入ケースに入れる材料
- 小麦グルテン …………… 50g
- ドライイースト ………… 3g

上新粉（打ち粉用）……………… 適量

Point

成形パンのなかでもシンプルな作りのパン。サラダ油を用いるのであっさりした味わいになります。なお、生地をのばすときは、ふくらみが悪くなるので麺棒をかけすぎないようにしてください。

82 | Part 4　成形パン

【作り方】

1 白米は洗い、水気を切ってボウルに移す。デジタルスケールにのせ、水を加えていき、合計420gになるように調整する。

2 小麦グルテンとドライイーストを自動投入ケースに入れる。

3 米パンケースに米パン羽根をセットし、1と塩、砂糖、サラダ油を入れる。

4 2と3を本体にセットし、フタをする。「米パン生地」キーを押し、「お米」メニューを選び、「パン生地」を押してから、スタートを押す。

5 「こね」が終了し、アラームが鳴ったら、米パンケースを取り出す。中の生地を取り出し、ついている羽根を取り除く。

6 こね板の上に、上新粉の打ち粉を振り、生地をスケッパーで切りながら5等分にする（1個あたり約124g）。

7 分けた生地をひとつずつ丸めていく。このとき、生地がべたついていたら、手に少量の上新粉をつけながら丸める。生地を内側に向けて包み込むようにしながら丸め、表面をなめらかにととのえる。

※生地を成形するときは、スピーディにおこないましょう。時間をかけると発酵が進み、酸味のある味になってしまいます。

8 打ち粉をつけながら、生地を麺棒でのばし、直径15cmくらいの丸型にする。

9 クッキングシートを敷いた天板に並べ、35℃のオーブンに30分置き、発酵させる。自宅のオーブンにスチーム機能がない場合は、パンに霧吹きで水をかけるか、湯を張ったコップをひとつ入れて乾燥を防ぐ。

10 30分後、発酵してふくらんでいるかを確認する。

11 250℃に予熱しておいたオーブンに天板ごと入れ、10～12分焼いたら、できあがり。2等分したあと、内側に切り込みを入れてポケット状にし、好みの具材をはさんでいただく。

トッピング

生ハムとミックスリーフサラダのオープンピタサンド（2個分）

ピタサンドを半分に切り、中身を開いてポケット状にしたら、内側にバター（小さじ1）を塗り、生ハム（1枚）とミックスリーフ（適量）、スライストマト（1枚）を挟み、マヨネーズ（小さじ2）を加える。これをもうひとつ作る。

しっとりもちもち！　食べごたえ満点のおやつ

お米の豆乳ドーナツ

焼きあがりまで
約3時間10分〜
約3時間40分

【材料】（8個分）

◆ 米パンケースに入れる材料
- 白米 …………………………………… 220g
- 水 … 洗った白米と合わせて270gになる量
- 豆乳 …………………………………… 120g
- 卵 ……………………… 30g（約1/2個分）
- 塩 ……………………………………… 4g
- 砂糖 …………………………………… 30g
- 無塩バター …………………………… 20g

◆ 自動投入ケースに入れる材料
- 小麦グルテン ………………………… 50g
- ドライイースト ……………………… 3g

- 上新粉（打ち粉用） ………………… 適量
- サラダ油（揚げ用） ………………… 適量
- グラニュー糖（仕上げ用） ………… 適量
- シナモンシュガー（仕上げ用） …… 適量

Point

揚げるときは低温でゆっくり揚げないと、中に火が通らずに焦げてしまうので注意。また砂糖は温かいうちにつけないと、くっつきません。

【作り方】

1 白米は洗い、水気を切ってボウルに移す。デジタルスケールにのせ、水を加えていき、合計270gになるように調整する。

2 小麦グルテンとドライイーストを自動投入ケースに入れる。

3 米パンケースに米パン羽根をセットし、1と豆乳、卵、塩、砂糖、無塩バターを入れる。

4 2と3を本体にセットし、フタをする。「米パン生地」キーを押し、「お米」メニューを選び、「パン生地」を押してから、スタートを押す。

5 「こね」が終了し、アラームが鳴ったら、米パンケースを取り出す。中の生地を取り出し、ついている羽根を取り除く。

6 こね板の上に、上新粉の打ち粉を振り、生地をスケッパーで切りながら8等分にする（1個あたり約65g）。

7 分けた生地をひとつずつ丸めていく。このとき、生地がべたついていたら、手に少量の上新粉をつけながら丸める。生地を内側に向けて包み込むようにしながら丸め、表面をなめらかにととのえる。

8 打ち粉をつけながら、生地を麺棒でのばし、直径10cmくらいの丸型にする。

9 生地の真ん中に、指で穴を開ける。発酵するとふくらむので、すこし大きめの穴にしておく。

10 クッキングシートを敷いた天板に並べ、35℃のオーブンに30分置き、発酵させる。自宅のオーブンにスチーム機能がない場合は、パンに霧吹きで水をかけるか、湯を張ったコップをひとつ入れて乾燥を防ぐ。

11 30分後、発酵してふくらんでいるかを確認する。

12 サラダ油を160〜170℃に熱し、低温でゆっくりと揚げる。両面がほんのり茶色くなったら、取り出して軽く油を切る。

13 温かいうちに、グラニュー糖やシナモンシュガーをまぶす。ビニール袋に入れて、一緒に振るとまぶしやすい。取り出したら、できあがり。

※生地を成形するときは、スピーディにおこないましょう。時間をかけると発酵が進み、酸味のある味になってしまいます。

パン粉までおいしい、ボリューム満点の食事パン
玄米の焼きカレーパン

焼きあがりまで
約**4**時間**30**分
～
約**5**時間**15**分

※一晩の浸水時間は含んでいません。

【材料】（7個分）

◆ 米パンケースに入れる材料
- 白米 ………………………………… 90g
- 玄米 ………………………………… 130g
- 水 … 洗った白米・玄米と合わせて400gになる量
- 卵 ………………………… 30g（約1/2個分）
- 塩 …………………………………… 4g
- 砂糖 ………………………………… 20g
- 無塩バター ………………………… 15g

◆ 自動投入ケースに入れる材料
- 小麦グルテン ……………………… 50g
- ドライイースト …………………… 3g

- 上新粉（打ち粉用） ……………… 適量
- パン粉 ……………………………… 適量
- カレー（市販または作った翌日のもの） ……………………………………… 210g
- 福神漬け …………………………… 適量
- サラダ油 …………………………… 適量

Point

カレーは温めないで使用しましょう。また、パン粉はボウルに入れ、そこにサラダ油を塗ったパンを入れて転がすと、まんべんなくつけることができます。

【作り方】

1. 白米と玄米は洗い、水気を切ってボウルに移す。デジタルスケールにのせ、水を加えていき、合計400gになるように調整したら、冷蔵庫で一晩置く。

2. 小麦グルテンとドライイーストを自動投入ケースに入れる。

3. 米パンケースに米パン羽根をセットし、1と卵、塩、砂糖、無塩バターを入れる。

4. 2と3を本体にセットし、フタをする。「米パン生地」キーを押し、「玄米」メニューを選び、「パン生地」を押してから、スタートを押す。

5. 「こね」が終了し、アラームが鳴ったら、米パンケースを取り出す。中の生地を取り出し、ついている羽根を取り除く。

6. こね板の上に、上新粉の打ち粉を振り、生地をスケッパーで切りながら7等分にする（1個あたり73～75g）。

7. 分けた生地をひとつずつ丸めていく。このとき、生地がべたついていたら、手に少量の上新粉をつけながら丸める。生地を内側に向けて包み込むようにしながら丸め、表面をなめらかにととのえる。

※生地を成形するときは、スピーディにおこないましょう。時間をかけると発酵が進み、酸味のある味になってしまいます。

8. 打ち粉をつけながら、生地を麺棒でのばし、直径10cmくらいの丸型にする。

9. 生地の中央にカレー（1個あたり30g）と水気を切った福神漬けを少量のせ、生地を引っ張りながら包み込んで、しっかりと閉じる。

10. クッキングシートを敷いた天板に並べ、35℃のオーブンに30分置き、発酵させる。自宅のオーブンにスチーム機能がない場合は、パンに霧吹きで水をかけるか、湯を張ったコップをひとつ入れて乾燥を防ぐ。

11. 30分後、発酵してふくらんでいるかを確認したら、ハケでサラダ油をパン全体に少量塗り、パン粉を全体にまぶす。

12. 180℃に予熱しておいたオーブンに天板ごと入れ、15～17分焼いたら、できあがり。

手作りパン粉の作り方

残ったパンや硬くなったパンをすりおろしたものをフライパンに入れ、油をひかずに炒ってから、冷ましておく。

あんこの甘さとお米の甘さが抜群の相性！
お米のあんパン

焼きあがりまで
約3時間00分
〜
約3時間30分

【材料】（10個分）

◆ 米パンケースに入れる材料
- 白米 …………………………… 220g
- 水 …… 洗った白米と合わせて390gになる量
- 卵 ……………………… 30g（約1/2個分）
- 塩 ……………………………… 3g
- 砂糖 …………………………… 25g
- 無塩バター …………………… 20g

◆ 自動投入ケースに入れる材料
- 小麦グルテン ………………… 50g
- ドライイースト ……………… 3g

- 上新粉（打ち粉用） ………… 適量
- あんこ ………………………… 300g
- 桜の塩漬け …………………… 10個

Point

工程 10 で桜の塩漬けを
下の板まで指が届くくらいしっかり押しつけましょう。
押し込みが甘いと、あんこの水蒸気で空洞ができてしまいます。
ただし、生地を破るのは厳禁ですので注意しましょう。

【作り方】

1 白米は洗い、水気を切ってボウルに移す。デジタルスケールにのせ、水を加えていき、合計390gになるように調整する。

2 小麦グルテンとドライイーストを自動投入ケースに入れる。

3 米パンケースに米パン羽根をセットし、1と卵、塩、砂糖、無塩バターを入れる。

4 2と3を本体にセットし、フタをする。「米パン生地」キーを押し、「お米」メニューを選び、「パン生地」を押してからスタートを押す。

5 「こね」が終了し、アラームが鳴ったら、米パンケースを取り出す。中の生地を取り出し、ついている羽根を取り除く。

6 桜の塩漬けは水につけて15分以上塩抜きし、水気を絞っておく。

7 こね板の上に、上新粉の打ち粉を振り、5の生地をスケッパーで切りながら10等分にする（1個あたり50〜52g）。

8 分けた生地をひとつずつ丸めていく。このとき、生地がべたついていたら、手に少量の上新粉をつけながら丸める。生地を内側に向けて包み込むようにしながら丸め、表面をなめらかにととのえる。

9 打ち粉をつけながら、生地を麺棒でのばし、直径10cmくらいの丸型にする。

※生地を成形するときは、スピーディにおこないましょう。時間をかけると発酵が進み、酸味のある味になってしまいます。

10 生地の中央に、あんこ（1個あたり30g）をのせ、生地を引っ張りながら包む。閉じ目はしっかりと閉じ、上部を軽くつぶす。

11 指に打ち粉を少量つけ、トップに6の桜の花をのせて、指が下につくまでしっかりと押す。

12 クッキングシートを敷いた天板に並べ、35℃のオーブンに30分置き、発酵させる。自宅のオーブンにスチーム機能がない場合は、パンに霧吹きで水をかけるか、湯を張ったコップをひとつ入れて乾燥を防ぐ。

13 30分後、発酵してふくらんでいるかを確認する。

14 180℃に予熱しておいたオーブンに天板ごと入れ、15〜17分焼いたら、できあがり。

小麦ゼロ。中華料理の「花巻」感覚で楽しめる！

じゃこねぎの白米蒸しパン

焼きあがりまで
約2時間30分～
約2時間50分

【材料】（9個分）

◆ 米パンケースに入れる材料
- 白米 …………………… 300g
- 水 … 洗った白米と合わせて600gになる量
- 塩 ……………………… 5g
- 砂糖 …………………… 10g
- ゴマ油 ………………… 10g

◆ 自動投入ケースに入れる材料
- 上新粉 ………………… 80g
- ドライイースト ………… 5g

- ちりめんじゃこ ………… 15g
- 青ねぎ（小口切り） …… 2本
- 白ゴマ ………………… 適量

Point

マフィンカップは底直径5.5cm×高さ5.5cmのものを使用しています。

焼きあがった直後は生地がカップの内側につきやすいので、冷めてから、ナイフでカップをはがしながら外すときれいに取り出せます。

【作り方】

1 白米は洗い、水気を切ってボウルに移す。デジタルスケールにのせ、水を加えていき、合計600gになるように調整する。

2 上新粉とドライイーストを自動投入ケースに入れる。

3 米パンケースに米パン羽根をセットし、1と塩、砂糖、ゴマ油を入れる。

4 2と3を本体にセットし、フタをする。「米パン生地」キーを押し、「お米」メニューを選び、「パン生地」を押してから、スタートを押す。

5 「こね」が終了し、アラームが鳴ったら、米パンケースを取り出す。

6 米パンケースの中の生地を、マフィンカップに7分目まで流し込む。
※底直径5.5cm×高さ5.5cmのマフィンカップを使用した場合の分量です。

7 ちりめんじゃこと青ねぎ、白ゴマを上部に散らす。

8 蒸気の上がった蒸し器に並べる。

9 強火で13分蒸したら、できあがり。

Column

GOPANで作れる パン以外の料理

GOPANでジャムが作れることは70ページに書きましたが、ジャム以外にも、小麦のパンや天然酵母食パン、バターケーキなど、いろいろなものが作れます。ここでは、おもちとパスタ、うどんの作り方を紹介します！

つきたての新鮮なおもちのおいしさが味わえる
いちご大福&草もち

【材料】（丸もち12個分）
もち米 ……………………………… 300g
水 …………………………………… 215ml
片栗粉 ……………………………… 適量

【基本のもちの作り方】
1 もち米は洗い、ざるにあけたら30分ほど置く。
2 小麦パンケースに、ヌードル羽根を取り付けて1と水を入れる。
3 「調理・もち」キーを押し、「もち」メニューを選んだらスタートを押す。
4 約50分後に「つき」工程が始まる。このとき、フタを開けておくと、水分が蒸発して扱いやすくなる。
5 できあがりのアラームが鳴ったら、もちを取り出して羽根を取り除く。このとき、手に水をつけて取り出すと、くっつかずに済む。
6 バットに片栗粉をしき、片栗粉を少量ずつまぶしながら、12等分にして丸める（1個あたり42〜43g）。

◆いちご大福
工程4で、おもちの「つき」が始まったら、砂糖40gと塩小さじ2/3を加える。ラップにあんこ（1個あたり20g）を広げて、いちご（1個あたり1粒）をのせて包み、茶きんにしておく。できあがったもちを12等分に丸めたら、いったん平たくのばして、ラップを取り除いた茶きんをもちで包む。
※あんこは、白あんやこしあんなど、好みで選んでOK。

◆草もち
工程4で、おもちの「つき」が始まったら、塩小さじ2/3、よもぎ15gを加える。できあがったもちを12等分に丸めたら、いったん平たくのばして、丸めたあんこ（1個あたり30g）をもちで包む。
※生のよもぎを使う場合は、洗ってゆでたら冷水に取ってあくを抜き、細かく刻んでよく絞る。乾燥よもぎを使う場合は、熱湯で戻し、固く絞ってから使用する。

できたてパスタのもちもち感を楽しんで
平打ちパスタ（タリアッテレ）

【材料】（4人分）
セモリナ粉 …… 200g　　塩 ……………… 5g
強力粉 ………… 100g　　オリーブ油 …… 大さじ1
卵 ……………… 3個

【作り方】
1 小麦パンケースに、ヌードル羽根を取り付け、セモリナ粉と強力粉、溶いた卵、塩、オリーブ油をすべて入れる。
2 「調理・もち」キーを押し、「小麦」コースを選択、「ヌードル」メニューを選んだらスタートを押す。
3 できあがりのアラームが鳴ったら、生地を取り出し、羽根を取り除く。ケースの周りに残った粉を取り、生地に混ぜて少しこねてから、ラップに包んで冷蔵庫で30分寝かせる。
4 こね板の上に打ち粉の強力粉（分量外）を振って、その上に生地を置き、4等分してからひとつずつ麺棒で2mmの厚さに平らにのばす。
5 のばした生地を3つ折りにし、3mm幅で切る。切ったら全体にセモリナ粉（分量外）をまぶす。食べるときは、たっぷりの湯で1〜2分ゆでる。

◆ファルファッレ（蝶の形のショートパスタ）
工程4のあと、生地を横2cm×縦3cmの大きさに切る。このとき、波型のパイカッターがあると、縁をぎざぎざに切ることができて便利（ない場合は包丁でまっすぐに切ってもOK）。切ったあとは生地の中央をつまみ蝶の形を作る。

しょうゆをかけただけでも美味！
上新粉のうどん

【材料】（2人分）
上新粉 ……………………………… 150g
強力粉 ……………………………… 150g
水 …………………………………… 1カップ
塩 …………………………………… 10g

【作り方】
1 水に塩を加え、溶かしておく。
2 小麦パンケースに、ヌードル羽根を取り付け、1と上新粉、強力粉の順に入れる。
3 「調理・もち」キーを押し、「米粉」コースを選択、「ヌードル」メニューを選んだらスタートを押す。
4 できあがりのアラームが鳴ったら、生地を取り出し、羽根を取り除く。ケースの周りに残った粉を取り、生地と混ぜて少しこねてから、ラップに包んで冷蔵庫で30分寝かせる。
5 こね板の上に打ち粉の強力粉（分量外）を振って、その上に生地を置き、麺棒で2mmの厚さに平らにのばす。
6 のばした生地を3つ折りにし、5mm幅で切る。切ったら全体に強力粉（分量外）をまぶす。食べるときは、たっぷりの湯で麺を約10分ゆでる。

※小麦粉のうどんを作る場合は、材料の上新粉と強力粉を中力粉（300g）に変えてください。

パン作りで困ったら……
米パンをおいしく仕上げるためのコツ Q&A

パン作りはとっても繊細なもの。だからこそ、手間ひまかけたい。おいしく仕上げるコツを知って、味も見た目もよいパンを作りたいものです。また、GOPANの取り扱いにもコツが必要！
GOPANで米パンをおいしく仕上げるコツを飯田順子さんに聞いてみました。

Q 慣れてきたら、目分量で計量してもよいのでしょうか？

A ドライイーストは砂糖や粉にふくまれる糖分を栄養源として発酵し、塩は反対にドライイーストの働きを抑えて小麦グルテンを引き締める効果があります。また、粉に対する水量に過不足があると、きれいにふくらみません。このように、一つひとつに大切な役割があり、分量が正しくないとこの役割が機能しません。そのため目分量での計量は絶対にNGです！

パン作りにはデジタルスケールが必須。器の分量を除いて、器に入れた材料の重さだけを量れるタイプのものがあります。わざわざ器の分量を引き算しなくていいので便利。

Q どうしても粉砕音がうるさいのですが、対処法はありますか？

A GOPANの「ミル」段階で、お米を砕くときには大きな音がします。粉砕音そのものに加えて、粉砕時に本体が小刻みに揺れることによる音が大きいので、本体を防震ゴムの上に置きます。GOPANを置いている床が硬い場合には、多少効果がありますよ。

Q パンを作るとき、室温によって水温を調節する必要はありますか？

A 春と秋は常温のままでよいのですが、夏は冷水（5℃）を、冬はぬるま湯（30℃）を使用するのがベターです。もっと厳密に計算するのであれば、「35−室温」で出る数字が、その季節にベストな常温になります。たとえば、室温が30℃の夏ならば5℃の冷水を用意します（冷暖房が効いている場合は、設定している室内温度で計算してください）。なお、具材の粉もできれば水にそろえ、夏は粉も冷やしておくとよいですよ。

◆季節ごとの水温調節表

水温	春	夏	秋	冬
	常温のまま	冷水（5℃）	常温のまま	ぬるま湯（30℃）

GOPAN本体も、室温により作成時間を自動で調整してくれます。

Q 米パンがケースから出てこない！どうしたら取り出しやすくなりますか？

A ケースから出ない原因の多くは、生地が羽根やケースの底にこぼれたまま焼かれ、こびりついてしまうためです。そこで、パンを焼く前に羽根の裏側と本体の羽根取付軸にオリーブ油を塗っておくことをおすすめします。また、ケースから出すときには、テーブルに布を敷き、その上にケースの端を優しく叩きつけながら取り出してください。それでも外れないときは、20分ほど放置してから試しましょう。

羽根の保護カバーを外し、刃の部分にオリーブ油を塗ります。危ないので、必ずハケを使ってください。

羽根を取り外しやすくするために、本体の軸部分にもオリーブ油を塗っておきます。

Q 成形パンを上手に発酵させるためのテクニックはありますか？

A 通常、パン作りでは「一次発酵」と「二次発酵」の2段階がありますが、本書のレシピでは発酵は一度だけなので、きちんと時間を量り、発酵前に比べてひと回り大きくふくらんだかを確認してください。

スチーム機能がないオーブンを使う場合は、大きめのビニールで天板自体をくるみ、中にコップ1杯の湯を入れてフタをします。発泡スチロールや段ボールに入れてフタをするだけでもOKです。中の温度は35℃を保つようにしてください。なお、パンに霧吹きで水をかけてもOKです。

Q 米パンから羽根を取るときボロボロに……。上手に羽根を取る方法はありますか？

A ケースからパンを取り出したあと、15〜20分くらい置いてから羽根を取り出すようにしましょう。焼きたては非常にやわらかいため、生地がごっそり付着したまま取れてしまいがちです。羽根を取るコツは、羽根の形に添うこと。まっすぐに引っ張るのではなく、螺旋を描きながら回して取るときれいに取れますよ。

上部の羽根部分は少し折れ曲がった形をしているので、羽根を取るときは左回りに回転させながら少しずつ引っ張ってください。

Q 米パンを切るとつぶれてしまう！きれいに切り分けるコツを教えてください。

A できたての米パンは非常にやわらかく、しかも中身ももっちりと弾力があります。そのため、できたての米パンを普通の包丁で切ろうとすると、途中で刃に生地がくっつき、ねばって上手に切れません。できれば、半日〜1日程度待ってから切ることをおすすめします。とはいえ、焼きたても食べたいですよね。その場合は、30分ほど置いて粗熱を取ってから、必ずパン切り包丁を使って切ってください。

パン切り包丁を、濡れぶきんで軽く濡らしながら切ると、べたつきが取れて切りやすくなります。

Q 小麦グルテンやドライイーストなど、余った材料はどう保存すればいいですか？

A 小麦グルテンは湿気を帯びると固まってしまうので、袋をきちんと閉じて常温で保存してください（袋にジッパーがついていない場合は、密閉容器に入れてください）。ドライイーストは口をしっかり止めるか、または密閉容器に入れて冷蔵庫で保存します。ただ、冷蔵庫でも少しずつ発酵する場合があるので、しばらく使わない場合は冷凍庫に入れてください。

イーストは密閉容器に入れて冷凍保存すると、1年間くらいもちます。

Q 余ってしまった米パンを上手に活用する方法はありますか？

A 冷凍せずに食べ切りたいならば、いくつか方法があります。

● **パン粉にする**
パンが硬くなるまで置いておき、おろし金ですりおろします。パン粉は冷凍保存も可能です。ハーブを混ぜてもおいしいですよ。

● **クルトンやラスクにする**
120℃のオーブンで、両面を5分ずつ焼いて乾かすだけで簡単にできます（ラスクの詳しいレシピは63ページをご覧ください）。

● **かりん糖を作る**
サラダ油でこんがり揚げて、砂糖をまぶすとかりん糖になります。

● **スープやカレーのとろみ付け**
意外な使い方としては、とろみ付けにも使えます（詳しいレシピは39ページの「かぶの米パンポタージュ」をご覧ください）。

パン粉 　　ラスク 　　かりん糖

Q 米パンのふくらみや色合いをよくするコツはありますか？

A 米パン自体、通常の小麦のパンほどはふくらみません。ただ、日本酒やみりんを入れると、ふくらみがよくなるように感じます。本書では日本酒を使った山型パンレシピもありますので、試してみてください。また、全体的に焼き色が薄く仕上がるので、気になる場合はGOPANについている「焼き色」キーを押して、色を濃く調整してください。

Q 余った米パンはどうやって保存すればよいですか？

A 冷凍庫で保存します。よくラップに包んだだけで冷凍庫に入れる方がいますが、ラップは空気を通すものなので、必ず密閉容器に入れて保存してください。なお、温かいパンはそのまま入れず、冷めてからラップで包むようにしましょう。

密閉容器には、実は「冷蔵用」と「冷凍用」があるので、使い分けるとより便利ですよ。

Q 冷凍した米パンをおいしく食べるコツを教えてください。

A 冷凍庫から出したパンを常温に置いて、自然解凍させます。そのまま食べてもOKですが、軽くトーストして食べてもおいしいですよ。

Q 具材を入れて米パンを作っても、うまく形が残りません……。具の形を残すには、どうすればよいですか？

A 最初から具材を入れてスタートすると、ミルで米を粉砕するときに一緒に具も砕かれるため、形はほとんど残りません。もし、具の形を残したいのであれば「粉落とし」のタイミングで、具を混ぜると上手にできます。ミルが終わり、こねの最中に、粉落としのアラームが鳴ります。そのタイミングで入れてみてください。

アラームが鳴ったらフタを開けて、具材を入れます。本体がこねている最中なので、手を入れてこねなおす必要はありません。

Q フタを開ける工程があるレシピがありますが、開けてもよいのでしょうか？

A 基本的にはフタは閉じておき、粉落としのタイミングでしか開けないようにしてください。特にミルの最中に開けると、米が飛び散る場合があります。なお、スイッチが切れてしまった際は、数分以内なら再開することも可能なようです。

Q 羽根がうまく回らず、こねられていないことがあるようなのですが……。

A まず、材料が正しく入っているか、羽根がきちんと取付軸に取り付けられているか、パンケースがしっかり本体に入っているかをご確認ください。前にGOPANを使用したことがあるのであれば、羽根の汚れが完全に落ちていない可能性があります。羽根は細かい部品で出来ていますので、隅々まで丁寧に汚れを取ることが大切です。使用後は1時間ほど湯につけ、それから付属のハケで掃除します。この際に、刃の裏側に生地がついているので、見落としのないように刃を回しながら裏までしっかり洗いましょう（刃で怪我しないように注意してください）。また、細かい部品に生地がこびりついていることもあります。使用前に、部品をあちこち回してみて、きちんと動くかどうか確認しましょう。さらに、羽根につける保護カバーにも生地はこびりつきます。保護カバーは内側についた溝を羽根にはめこんで使いますが、この溝のところまで丁寧に汚れを取るようにしてください。もちろん故障などの原因も考えられますので、解決しないようであれば問い合わせ先（6ページ参照）にご連絡ください。

羽根は刃の裏側、細かい部品まで、付属のハケで丁寧に掃除します。

保護カバーの掃除には、竹串があると便利です。内側の溝もしっかり掃除します。

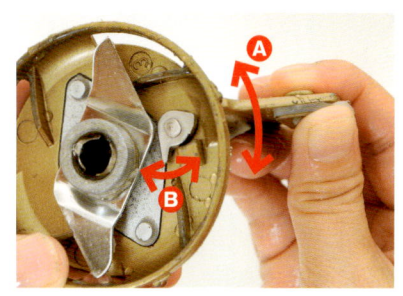

羽根を取り付ける前に、矢印の部分を動かして、きちんと回るかどうか確認しましょう。Aを回すと、Bの部品が回ります。

95

飯田順子(いいだ・じゅんこ)

パン・お菓子・料理研究家。趣味で始めたパン・お菓子作りが好評を得て、カフェのプロデュースや料理教室講師を務める。パリの製菓学校への留学などを経て、2008年に「パティスリー 銀座 菓楽」のディレクトゥールに就任。現在は自宅にて料理・お菓子教室「アトリエ・フェーヴ」を主宰。『ホームベーカリーでナチュラルパン』(主婦の友社)、『ホームベーカリーでスイーツ&パン155レシピ』(学研パブリッシング)、『フランス仕込みの手作りコンフィチュール』(世界文化社)など著書多数。

"コツ"を押さえて、ふっくら、もちもち!
GOPANでお米パン
基本の山型パンから、アレンジパンまでおいしい100品

2011年5月13日　初版発行

レシピ制作・監修	飯田順子
編集	富永明子
	田村理恵(アート・サプライ)
撮影	森カズシゲ
デザイン	野口佳大、山﨑恵(アート・サプライ)
スタイリング	蔭山麻子(アースワーク)
調理協力	飯田史代、折口清美、茗荷淳子
印刷・製本	株式会社サンニチ印刷
発行者	佐藤秀一
発行所	東京書店株式会社

〒160-0022　東京都新宿区新宿1-19-10-601
TEL.03-5363-0550　FAX.03-5363-0552
http://www.tokyoshoten.net
郵便振替口座　0018-9-21742

Printed in Japan
ISBN978-4-88574-982-7

※乱丁本、落丁本はお取替えいたします。
※無断転載禁止、複写、コピー、翻訳を禁じます。